Gandhi für Manager

Jörg Zittlau

Gandhi für Manager

Der andere Weg zum Erfolg

Eichborn.

1 2 3 4 05 04 03

Umschlaggestaltung: Moni Port
Layout: Monika Säuberlich
Satz: Fuldaer Verlagsagentur, Fulda
Lektorat: Dr. Barbara Werner, Carmen Kölz
Druck und Bindung: Clausen & Bosse, Leck
ISBN 3-8218-5563-0

Verlagsverzeichnis schickt gern:
Eichborn Verlag, Kaiserstraße 66, D-60329 Frankfurt am Main
www.eichborn.de

Inhalt

Der Pfad des Mahatma

1. Gandhi und die Manager – Gar nicht so weit auseinander

> *»Je größer meine Lebenserfahrung wird, desto deutlicher wird mir, dass der Mensch selbst die Ursache seines Glücks und Elends ist.«*
>
> *Mahatma Gandhi*

Unterschiedlicher können zwei Menschen nicht sein. Der eine heißt Hammermann und ist Polizeipräsident einer rheinischen Kleinstadt, und er ist bekannt für seine geradezu brutale Korrektheit, die ihm bei seinen Mitarbeitern, in Anlehnung an eine TV-Serie, den Titel »Sledge Hammerman« einbrachte. Der andere ist Psychoanalytiker und bekannt dafür, dass er seinen Studenten stets – wie er sagt – »wohlmeinende« Noten gibt und dass man mit ihm über alles reden kann, ohne dabei unbedingt zu konkreten Ergebnissen zu kommen. Nichtsdestoweniger werden ausgerechnet »Hammerman« und der »Psycho-Fuzzi« an der Wuppertaler Fachhochschule als Team eingesetzt, um den dortigen Polizisten und angehenden Führungskräften das Einmaleins der Stress- und Konfliktbewältigung beizubringen. Und praktisch alle sind überzeugt: Das gibt den

Super-GAU. Doch genau das Gegenteil tritt ein. Die beiden Männer liefern eine Meisterleistung ab. Ihre Studenten kriegen Bestnoten und geben ihrerseits im Abschlussgespräch Bestnoten für ihre Dozenten – und das, obwohl Polizisten bekanntermaßen eher Tadel als Lob aussprechen.

Die Studenten von damals sind mittlerweile gestandene Beamte in Führungspositionen, doch von dem Seminar reden sie noch heute. Sie erzählen davon, wie der knochenharte »Hammerman« tatsächlich einen Studenten darauf hinwies, dass er »mehr aus dem Bauch, mehr intuitiv« handeln sollte. Und wie der als Weichei verrufene Psychoanalytiker von ihnen »eine gewisse Härte im Umgang mit sich selbst« forderte. Was deutlich macht: Die beiden Männer waren möglicherweise gar nicht so weit voneinander entfernt, wie man dachte. Und sie haben voneinander gelernt, sodass letzten Endes auch ihre Studenten mehr von ihnen lernen konnten als von allen anderen Dozenten.

Der »Hammerman« und der »Psycho-Fuzzi« – eine Geschichte, die viele Fragen aufwirft. Vor allem die, wie es sein kann, dass derart gegensätzliche Charaktere mit derart unterschiedlichen Lebensläufen zu einem so harmonischen Team werden können. Doch Mahatma Gandhi würde das alles nicht wundern. Er würde dazu nur in seiner unvergleichlichen Weise lächeln. Weil er nämlich weiß, dass es Gegensätze an sich gar nicht gibt, sondern dass sie bloß den Vorurteilen unserer eigenen Ich-Bezogenheit entspringen. Und dass sich, sofern wir unsere Ich-Befangenheit ablegen und uns vorbehaltlos auf den anderen einlassen, alle Gegensätze zwangsläufig wie von selbst auflösen. Sogar jene Gegensätze, die sich angeblich zwischen einem Polizeipräsidenten und einem Psychoanalytiker auftun.

Eine gewisse Unbefangenheit brauchen wir sicherlich auch, wenn wir verstehen wollen, was den Mahatma eigentlich mit einem Manager verbindet. Denn auf den ersten Blick lassen sich zwischen ihnen kaum Gemeinsamkeiten entdecken. Der eine ist rendite- und karriereorientiert, immer auf der Höhe der Zeit, bewaffnet mit Mobiltelefon und Hochglanzschuhen, fliegt in der Business-Class und plant seine Termine mit dem Notebook. Der andere heißt mit Vornamen Mohandas Karamchand, wird aber wegen seines edlen Charakters »Mahatma« – die große Seele – genannt. Er betrachtet sein Leben als ein »Experimentieren mit der Wahrheit«, arbeitet täglich am Spinnrad, geht am liebsten zu Fuß, trägt Sandalen, nimmt bloß zum Essen sein Gebiss in den zahnlosen Mund, und Trends sind ihm erst recht egal: Als man ihm Charlie Chaplin vorstellen will, lehnt er zunächst ab, weil er noch nie einen einzigen Film und daher auch nie einen einzigen Filmschauspieler gesehen hat. Mahatma Gandhi entspricht eben – rein äußerlich betrachtet – durchaus jenem Klischee des weltabgewandten Heiligen, der so gar nichts mit der Geschäftigkeit des modernen Lebens zu tun haben will. Nicht umsonst beschimpft ihn einmal Winston Churchill als »halbnackten Fakir«, und der englische Premier bringt damit das ganze Unverständnis der westlichen Welt für die Figur Mahatma Gandhis zum Ausdruck.

Ein echtes Vorbild

Doch die Zeiten ändern sich. Churchill hat als Vorbild ausgedient. Kaum ein Manager könnte sich allen Ernstes vorstellen, für Arbeit und Privatleben irgendetwas von dem fettleibigen und bärbeißigen Zigarrenraucher lernen zu können. Viele seiner »Tugenden« sind Schnee von vorgestern. Mit Brutalität, Trotz, Zynismus und Überheblichkeit konnte man in den Frühzeiten des Kapitalismus reüssieren, doch heute bringen sie uns – wenn überhaupt – nur noch kurzfristig weiter.

Ganz anders verhält es sich mit den Tugenden des Mahatma Gandhi. Sie sind stärker gefragt denn je. Befragt man Manager nach ihren Vorbildern, so hört man neben John F. Kennedy immer wieder den Namen des asketischen Kahlkopfes aus Indien. In den USA hat Mahatma schon fast einen Stammplatz in den Seminaren für Führungskräfte, quasi als Gegenpol zur Machtgier und Korrumpierbarkeit, die sich im Land der unbegrenzten Möglichkeiten breit gemacht hat. »Der Bedarf nach Gandhi wächst«, erklärt der bekannte Managementtrainer und Gandhi-Experte Keshavan Nair. »Die von ihm vorgelebten Eigenschaften wie persönliche Verantwortung, Wahrhaftigkeit, Liebe, Respekt vor dem Einzelnen und sein Mut gewinnen überall in unserem Beruf und im gesellschaftlichen Leben an Attraktivität.«

Gandhi ist imstande, uns zu einem höheren Standard im Management zu führen. Denn er stellt viele unserer alten Ansichten über Menschenführung infrage, die wir als notwendig für den Erfolg akzeptiert haben. Wie etwa unser Credo, dass man für den Erfolg zwangsläufig das eine oder andere Mal lügen oder gar betrügen muss. Oder unsere Überzeugung, dass man Macht nur haben kann, wenn man sie auch zeigt – in welcher Form auch immer. Der Mahatma setzt dagegen auf Werte wie Wahrhaftigkeit, Gewaltlosigkeit und das Prinzip des Dienens. Das mag auf den ersten Blick nicht unbedingt zeitgemäß klingen, doch gerade in seiner Zeitlosigkeit liegt die eigentliche Stärke von Gandhi. Seine Geradlinigkeit und tiefe ethische Festigkeit waren früher ein Vorbild, sie sind es auch heute und werden es noch in 50 Jahren sein. Das zeigen wir im dritten Kapitel dieses Buches.

Aber es ist nicht nur seine moralische Integrität, die Gandhi so faszinierend macht. Stünde er bloß für Edelmut und Wahrheit, würde er heute kaum jemanden locken können. Man würde ihn, schon allein wegen seiner äußeren Erscheinung, zu einer Art Ober-Yogi verniedlichen, der beim Analysieren der Raufasertapete sein Mantra absingt, ohne der Welt ernsthaft schaden oder nutzen zu können. Glücklicherweise bleibt Mahatma solch ein Schicksal erspart. Weil er Erfolg hat. Und Erfolg macht bekanntlich sexy.

Die Erfolge des Mahatma

Zu Gandhis größten Erfolgen zählt sicherlich, dass es ihm gelingt, Indien zur Unabhängigkeit zu führen. Und das alles ohne Gewalt! Unvergesslich der so genannte Salzmarsch aus dem Jahre 1930, mit dem er das Salzmonopol der Engländer bricht und sie schließlich dazu zwingt, sich mit ihm an einen Verhandlungstisch zu setzen. Man kann sich gut vorstellen, was in den Köpfen der ach so britisch seriösen Kolonialherren vorgeht, als sie sich von dem »halbnackten Fakir« sagen lassen müssen, dass es höchste Zeit sei für ihren Abschied. Auch Mahatmas brachiale Fastenkuren – insgesamt 17, und einige bringen ihm fast den Tod! – verschaffen ihm viele Erfolge, weil er es durch sie immer wieder schafft, die Leute unter Druck zu setzen und sie auf seinen Kurs einzuschwenken.

Weniger bekannt, dafür aber historisch mindestens gleichwertig sind Mahatmas Erfolge in Südafrika. Hier entwickelt er sein Prinzip vom »Satyagraha«, abgeleitet von den indischen Worten »Satya« (Liebe) und »Agraha« (Festigkeit), »und es bedeutet«, so erklärt er, »die Stärke, die einerseits auf Wahrheit und andererseits auf Liebe oder Nicht-Gewalt gründet«. Über 20 Jahre wirkt er in Südafrika, und sein Satyagraha ist für den dortigen Freiheitskampf sicherlich ähnlich bedeutungsvoll wie Nelson Mandela, der später den Inder als »den Archetypen der antikolonialen Revolution« bezeichnet.

So weit, so gut. Andererseits entsprechen Gandhis Erfolge nicht unbedingt dem, was man sich gemeinhin unter Erfolg vorstellt. Denn er sammelt keine Reichtümer, hinterlässt nach seinem Tod nicht viel mehr als ein Paar Sandalen, eine Uhr, einen Becher und eine Schale sowie seinen Khadi, das von ihm selbst gewebte Körperumhüllungstuch. Er führt keine großen Heere und erwirbt, trotz seiner politischen Agitationen, niemals den Posten eines Regenten. Als Wissenschaftler oder Philosoph tritt Gandhi ebenfalls nicht in Erscheinung, auch wenn er die Wahrheit als sein wirkliches Lebensziel bezeichnet. Von akademischen Disputationen distanziert er sich zeit seines Lebens. Seine Freunde drängen ihn immer wieder, seine Gedanken in ein zusammenfassendes System zu kleiden und niederzuschreiben, doch er antwortet ihnen, keine Zeit für solche Dinge zu haben. Für ihn steht fest: »Mein Leben ist meine Botschaft.« Wozu also weitere Worte? Außerdem hält er es für unmöglich, das, was ihn beschäftigt, die Wahrheit, sprachlich zu erfassen. Denn: »Wahrheit erfordert die Stille.« Sie braucht keine Kommunikation, sondern »sie strahlt still ihren Einfluss aus, wie eine Rose ihren Duft«, ohne dass sich ein Wort störend in sie einmischen sollte.

Auch im Bereich der Wirtschaft kann man Gandhi nicht unbedingt als klassischen Erfolgsmenschen sehen. Er drückt zwar höhere Löhne für die indischen Arbeiter durch, doch mit seinem Festhalten an dörfischen Strukturen und dem mittelalterlich anmutenden Handwerk des Spinnens wirkt er eher wie ein »Öko« der ersten Stunde denn als moderner Wirtschaftsmagnat. Als ihn Charlie Chaplin danach fragt, warum er denn dem technischen Fortschritt so ablehnend gegenüber stehe, hält ihm Gandhi einen Vortrag über die Entfremdung des Menschen durch die Maschine – Marx lässt grüßen! Doch die Chaplin-Anekdote zeigt an ihrem Ende auch, worin die Stärke Gandhis liegt. Einige Jahre später veröffentlicht Chaplin nämlich sein legendäres Filmwerk »Modern Times«, in dem der restlos überforderte Charlie im wahrsten Sinne unter die Räder des technischen

Fortschritts gerät – Mahatma lässt grüßen! Ein Paradebeispiel für die Fähigkeit des schmächtigen Inders, andere Menschen für sich einzunehmen und ihre nach Inhalten lechzenden Seelen sinnvoll auszufüllen. Ein Meisterstück der Gandhischen »Befruchtungskunst«.

Mahatmas Niederlagen

Gandhis Erfolge unterscheiden sich wesentlich von dem, was wir uns gemeinhin unter Erfolg vorstellen. Hinzu kommt, dass er auf einigen der von ihm bearbeiteten Äcker nur mäßig erfolgreich bleibt oder sogar schwere Niederlagen hinnehmen muss. So bleibt seine politische Vision von einem vereinten Indien unerfüllt, kann er doch letzten Endes nicht verhindern, dass sich die Moslems mit ihrem Pakistan vom indischen Mutterland abnabeln. Und als großen Pädagogen kann man Gandhi auch nicht unbedingt bezeichnen. Zwar gründet er in seiner indischen Zeit ein paar Grundschulen, in denen den Kindern neben dem Lesen und Schreiben auch die Grundregeln von Gesundheit und Hygiene vermittelt werden. Doch ein wegweisender Pädagoge, wie etwa Maria Montessori, Rudolf Steiner oder Johann Heinrich Pestalozzi, ist er nicht. Ganz zu schweigen davon, dass Gandhis eigene vier Kinder eher unter ihrem als übermächtig empfundenen Vater leiden, als von ihm profitieren. Seine sanfte, aber unwiderstehliche Art macht es ihnen schwer, zu sich selbst zu finden. Eine Anhängerin Gandhis sagt einmal: »Er war wie die Sonne. War man fern von ihm, wärmte er. War man ihm nahe, verbrannte man.« Und so bemühen sich Gandhis Sprösslinge, mit Ausnahme des jüngsten Sohnes Devadas, Hunderte von Kilometern zwischen sich und ihren Vater zu schaffen, um nicht von ihm verbrannt zu werden. Sein ältester Sohn Harilal gerät sogar in finanzielle Nöte und schlechte Gesellschaft: Als muslimische »Freunde« ihm die Übernahme seiner Schulden versprechen, konvertiert er kurzerhand zum Islam, wohlwissend, damit seinen hinduistischen Vater tief zu verletzen. Doch letzten Endes muss man wohl Verständnis für dieses »abtrünnige« Verhalten aufbringen. Denn Gandhi ist nicht die einzige weltgeschichtliche Größe, deren Kinder Probleme damit haben, unter dem betonschweren Erbe ihres Vaters zum eigenen Leben zu finden.

Mahatma, der Mensch

Gandhis Lebensweg ist also in der Tat alles andere als eine Kaskade von Erfolgen. Er selbst betont immer wieder, wie viele Niederlagen er hinnehmen muss. Er weiß, dass er nicht frei von Irrtümern ist – »denn kein Sterblicher ist frei von Irrtum« –, und er weiß, dass er nicht frei von Widersprüchen bleiben kann. Doch das ist für ihn kein Problem, »denn närrische Widerspruchsfreiheit ist der Kobold kleiner Geister«. Widersprüche sind notwendig für die persönliche Entwicklung des Menschen. Wer den Widerspruch scheut, traut sich nicht, seine Fehler einzusehen und sie zu korrigieren – was den Reifeprozess der

Persönlichkeit stoppt. Schon deshalb nimmt Gandhi für sich selbst in Anspruch, sich immer wieder in Widersprüche verstricken zu dürfen, um in einer aktuellen Situation auch wirklich unvorbelastet die Wahrheit finden zu können: »Wenn ich schreibe und spreche, denke ich nicht daran, was ich vorher einmal gesagt habe. Ich achte nicht darauf, ob ich mit dem übereinstimme, was ich früher zu einer bestimmten Frage gesagt habe, aber ich will mit der Wahrheit übereinstimmen, wie sie sich mir zum gegebenen Zeitpunkt darstellt. Im Ergebnis bin ich von Wahrheit zu Wahrheit gewachsen – und meinem Gedächtnis habe ich ungebührliche Belastungen erspart.«

Mahatma ist also kein Heiliger, sondern ein ganz normaler Mensch mit Widersprüchen, Irrtümern und Niederlagen. Und er sieht das auch selbst so. Ihm ist wichtig, dass man ihn nicht zum Mittelpunkt irgendeiner Geistesbewegung und schon gar nicht zum Guru oder, wie er es ausdrückt, »zum Löwen« macht. Im März 1936, auf dem Höhepunkt seines Ruhmes, erklärt er: »So etwas wie Gandhismus gibt es nicht, und ich habe nicht die Absicht, eine Sekte zurückzulassen.« Vier Jahre später sieht er sich gezwungen, eine Gesellschaft von Getreuen aufzulösen, weil sie ihm zu fanatisch wird. Dabei verkündet er: »Wenn Gandhismus ein anderer Name für Sektierertum ist, dann verdient er, zerstört zu werden.« Von diesem kategorischen Nicht-Verehrungsprinzip lässt er auch kurz vor dem Tode, wo die meisten Menschen nur noch an die Weitergabe ihres Erbes denken, nicht los. Im Jahr 1947 hört man ihn sagen: »Ich bitte niemandem, mir nachzufolgen. Jeder muss seiner eigenen inneren Stimme folgen. Und wer sie nicht hören kann, sollte es dennoch nach bestem Gewissen versuchen. Keinesfalls darf man anderen wie ein Schaf nachlaufen.« In diesem Appell für die Selbstorientierung erinnert Gandhi an Sokrates, mit dem er sein von vielen als schrullig empfundenes Auftreten teilt: Der Denker aus Athen trug dereinst auch nicht mehr an seinem Körper als eine abgewetzte Tunika und ein Paar Sandalen.

In jedem Fall zeigen solche Statements, dass Mahatma sich als Mensch unter Menschen empfindet. Nicht als Vordenker, schon gar nicht als Guru oder Heiliger. Und gerade das macht ihn so wertvoll für uns. Dass er nicht aus der unnahbaren Ferne einer weltfremden Theorie zu uns spricht, sondern aus der Nähe eines Mitmenschen, der konkret und praktisch auf den Alltag einwirken will. »Eine Unze praktischer Arbeit«, so sagt er einmal, »wiegt die Tonnen von Reden und Schreiben alle Male auf.« Und: »Ich bin kein Fantast oder Träumer, sondern ein praktischer Idealist.« Gandhis eigentliche Lehre besteht, wie er es immer wieder hervorhebt, aus seinem Leben. Und da ein Leben, das wirklich stattgefunden hat, nun einmal voller Widersprüche steckt, kann auch die Lehre daraus nicht homogen sein. Darin liegt nicht etwa eine von Gandhis Schwächen, sondern seine besondere Stärke. Denn dadurch kommt er uns wirklich nahe – viel näher, als es selbst die ausgeklügeltsten Managementtheorien jemals sein können.

Mahatma, der Manager

Aber es ist nicht nur das Menschliche an Mahatma, das ihn uns so nahe bringt. Er besitzt echte Managertugenden, wobei wir darunter nicht nur die Führungsqualitäten im engeren Sinne des Geschäftslebens verstehen, sondern auch die Fähigkeit, insgesamt das Leben und unseren Kontakt zu den Mitmenschen erfolgreich zu gestalten. Wer freilich Gandhis äußeres Erscheinungsbild vor Augen hat, der kann das nur schwer glauben. Er erinnert in der Tat weniger an einen dynamischen Manager, als an einen typischen indischen Yogi, dessen Geist in derart weltfremde Fernen schweift, dass die Schwarzen Löcher im Weltall dagegen wie Minigolflöcher aussehen. Tatsache ist: Mahatma ist alles andere als ein Yogi – er hat in seinem Leben nicht ein einziges Mal Yoga betrieben! Er ist ein Manager, der mitten im Leben steht. Weil er nämlich folgende Eigenschaften in sich vereint:

Disziplin und Pünktlichkeit. Gandhi hätte wohl kaum diese weltgeschichtliche Größe erreicht, wenn er nicht überaus diszipliniert gewesen wäre. Er arbeitet hart und viel, wobei er sich nicht zu schade ist, die Latrinen mit den Fäkalien zu entsorgen. Auch legt er großen Wert auf Pünktlichkeit. Nicht umsonst zählt eine Schweizer Uhr zu seinen wenigen Habseligkeiten, und er steigt, obwohl es ihm innerlich widerstrebt, in Eisenbahnzüge und Autos, um rechtzeitig zu seinen Terminen zu kommen.

Erfolgsorientiertheit. Gandhi hat ein Ziel: die Befreiung der Menschen aus ihrer Unterdrückung. Und dieses Ziel hat er immer fest im Visier. Dafür ist er bereit, ins Gefängnis zu gehen oder sogar zu sterben. Seine westlichen Kontrahenten, eigentlich mit allen Wassern des politischen und geschäftlichen Taktierens vertraut, sind immer wieder überrascht, wie zielstrebig der unscheinbare Mahatma in Verhandlungen zu Werke geht.

Verhandlungs- und Versöhnungsgeschick. Trotz seiner Zielstrebigkeit zeigt sich Gandhi immer wieder als exzellenter Versöhner. Seine Verhandlungspartner haben nach Unterredungen mit ihm fast immer den Eindruck, einen Profit davongetragen zu haben, unabhängig davon, aus welchen Lagern sie kommen. Wie 1918, als Gandhi um Hilfe gebeten wird, weil es unter den Arbeitern der indischen Textilindustrie zu Unruhen gekommen ist. Die Forderung der Textilarbeiter: 50 Prozent mehr Lohn, weil es infolge einer Pestepidemie zu einer starken Inflation gekommen ist. Ihre Chefs wollen das jedoch nicht zahlen. Schließlich wird Gandhi als Vermittler gerufen. Er reist durch die nähere Umgebung, um sich ein Bild von der Situation der Textilindustrie und ihrer Arbeiter zu machen. So kommt er zu dem Schluss, dass 35 Prozent als Lohnerhöhung gerechtfertigt sind. Die Arbeiter akzeptieren seinen Vorschlag, weil sie gesehen haben, dass er aus der Beobachtung des Vermittlers erwachsen ist. Die Bosse hingegen lehnen ab. Daraufhin bestellt Gandhi die Arbeiter zum Streik, wobei er von ihnen das Einhalten bestimmter Regeln fordert: keine Gewalt, weder gegenüber den Firmen noch gegenüber den Streikbrechern. Als er nach einigen Tagen merkt, wie bei den Streikenden der Elan nachlässt und sich auch seiner Person gegenüber Skepsis breit macht, beschließt er, zu fasten und nicht eher damit aufzuhören, bis die Arbeiter ihr Ziel erreicht haben. Die Unternehmer sind irritiert, nicht zuletzt auch deshalb, weil sie ihren Reichtum im Grunde dem Mahatma zu verdanken haben, der die einheimische Textilindustrie gegenüber den Großbetrieben der englischen Kolonialmacht behauptet hat. Sie haben Angst, dass mit dem Verlust der Person Gandhis, dem sie durchaus ein Fasten bis zum Tode zutrauen, die englische Konkurrenz nach Indien zurückkehrt. Außerdem sind sie beeindruckt, wie friedlich der Streik unter Gandhis Führung verläuft. Also geben sie nach. Schon am dritten Fastentag erklären sie sich bereit, das Angebot von 35 Prozent zu akzeptieren. Ein friedliches Ende, das nur zustande gekommen ist, weil beide Seiten begriffen haben, dass sie von dem Kompromiss profitieren.

Organisationstalent. Gandhi ist ein Meister der Organisation, und das nicht nur im Hinblick auf sein eigenes Leben. In Südafrika und Indien gründet er so genannte Ashrams, in denen er mit Gleichgesinnten zusammenlebt. Am bekanntesten ist sicherlich der Ashram von Sevagram, einem kleinen und verdreckten Dorf mitten in Indien, ohne Straßenanschluss, ohne Post, dafür ausgestattet mit einem mörderischen Klima aus heißer Sonne, sintflutartigem Monsunregen, Moskitos und Malaria. Gandhi gelingt es, die dortigen Einwohner dazu zu bringen, die Wasserstellen zu säubern, den Abfall als Dung zu recyceln, die Kranken zu pflegen und auf ihre körperliche Hygiene zu achten. Die Mitbewohner seines Ashrams werden zu einem wahrhaft spartanischen und arbeitsreichen Leben angehalten, über die Ausgaben der Gemeinde wird peinlichst genau Buch geführt. Binnen kurzer Zeit wird aus dem verwahrlosten Dorf eine blühende Gemeinde, die schließlich auch ans Postnetz angeschlossen wird. Klar, dass Gandhi zu dieser Zeit stark beansprucht wird – dabei ist er schon fast 70 Jahre alt! Dennoch hat er immer ein offenes Ohr für die Sorgen seiner Mitmenschen, er betätigt sich sogar als Krankenpfleger, massiert die verkrüppelten Beine von Leprakranken, redet mit Sterbenden. Seine Alltagsgeschäfte kommen trotzdem nicht zu kurz. Sein Sekretär berichtet davon, dass Gandhi mitunter über 50 Briefe an einem Tag schreibt, eigenhändig. So etwas würden heute die meisten Menschen nicht einmal mehr in einem Jahr schaffen.

Kontaktgenie. Egal, ob er mit den ausgebeuteten Bergarbeitern Südafrikas oder den Vertretern des englischen Hochadels debattiert – Gandhi macht eine gute Figur. Und zwar nicht in dem Sinne, dass er alles und jeden mit Worten überschüttet, sondern in dem Sinne, dass er sich bemüht, alle und jeden zu verstehen und ihnen gerecht zu werden. Er schafft es sogar, mit Mussolini zu reden – auch wenn er danach zugibt, dass ihm der italienische Duce mit seinem unsteten Blick »krank und gehetzt« vorgekommen sei. Gandhis Kommunikationsgeheimnis lautet: zuhören können. Er mimt nicht den Zuhörenden, indem er zur rechten Zeit ein nickendes »Ah, wirklich?« oder »M-mh« einstreut, sondern ist wirklich interessiert an dem, was der andere sagt. Unabhängig von dessem Aussehen und unabhängig von dem Ruf, der ihm vorauseilt. Außerdem besitzt der Mahatma beste Umgangsformen, die er nicht nur seinem freundlichen Charakter und seiner Erziehung verdankt, sondern auch seinen längeren Aufenthalten in England. Nicht umsonst vergleicht er einmal den von ihm propagierten »Satyagrahi«, den standfesten Liebhaber der Wahrheit, mit dem Urgestein des britischen Empires. »Ein Satyagrahi«, so fordert er, »muss ein perfekter Gentleman sein.«

Ideenschmiede. Mahatma Gandhi gehört nicht zu den Geistesgrößen, die ihrer Nachwelt ein umgreifendes philosophisches System hinterlassen. Seine Stärken sind seine bombenfeste Moral – und seine spontanen Einfälle in Sachen politischer Agitation. Geradezu genial der Salzmarsch aus dem Jahre 1930, den wir bereits oben kurz erwähnt haben. Ausgangslage ist das Beharren der englischen Kolonialmacht auf dem Salzmonopol, demzufolge den Indern die selbstständige Salzgewinnung verboten ist und sie nur das »weiße Gold« der Engländer kaufen dürfen. Gandhi beschließt, dieses Monopol, das für ihn der Inbegriff der Unterdrückung Indiens ist, zu brechen, indem er von seinem Ashram aus bis zum arabischen Meer läuft, um dort widerrechtlich und symbolisch ein Stück Salzkruste vom Strand aufzupicken. Er läuft die ganze Strecke, etwa 240 Kilometer, zu Fuß, und das in 10 Tagen. Für den zu dieser Zeit 61-jährigen Mahatma eine echte Leistung, auch wenn er es selbst als »Kinderspiel« bezeichnet. Wichtiger als seine sportive Leistung ist aber, dass sich ihm auf seiner Reise Tausende von Indern und Pressevertreter aus der ganzen Welt anschließen. Es kommt zu einem Massenauflauf, der von Gandhi durchaus einkalkuliert ist. So gerät der abschließende Akt, in dem er fast beiläufig ein Stück Salz vom Strand emporhebt, zu einem Fanal. Schon am nächsten Tag strömen Tausende von Indern ans Meer, um den »Salzfrevel« zu begehen. Die konsternierten Briten nehmen 60 000 Menschen in Haft, prügeln auf die Massen ein, am Ende gibt es Tote. Doch der Widerstand der indischen Bevölkerung lässt sich nicht mehr brechen. Im Herbst 1931 sieht sich England gezwungen, den verhassten Gandhi zu Gesprächen einzuladen.

Effiziente Öffentlichkeitsarbeit. Über Gandhi sind zahlreiche Werke geschrieben worden, von denen viele den Mahatma in seiner Eigenschaft als PR-Manager und Journalist behandeln. Und in der Tat: Gandhi schreibt Bücher und Artikel in Zeitungen, hält Reden, gibt eigene Zeitschriften heraus und stellt sich bereitwillig für Interviews zur Verfügung. Wenn irgendwo unter seiner Ägide eine politische Aktion stattfindet, kann man sich darauf verlassen, dass dort auch die Presse zugegen ist. Gandhi beklagt zwar mitunter, dass er auf der Höhe seines Ruhmes kaum noch einen Schritt alleine machen kann, doch er weiß, dass seine Mission ohne die geschickte und massive Öffentlichkeitsarbeit zwecklos wäre. Seine schärfste publizistische Waffe ist er selbst in seiner Funktion als Vorbild und praktisches Beispiel. Seiner Meinung nach »ist niemals auf Erden etwas ohne direkte Aktion erreicht worden«. Genau so handelt er auch: indem er den von ihm selbst gewiesenen Weg voranschreitet, damit die anderen ihm folgen. Gandhi fordert nicht nur von seinen indischen Landsleuten, dass sie wieder ihr altes Textilhandwerk des Spinnens aufnehmen, um die britischen Textilunternehmen auszubremsen, sondern er setzt sich persönlich jeden Tag ans Spinnrad. Er fordert nicht nur öffentlich die Aufhebung des indischen Kastenwesens, sondern bekämpft es in seiner eigenen Familie. Als seine Frau sich anfangs weigert, die Nachttöpfe der Gäste zu leeren, weil sie dies für eine Arbeit für die unterste Kaste der Unberührbaren hält, wird sie von ihrem Mann energisch zurechtgestutzt. Sie wirft ihm zwar zunächst den Nachttopf hinterher, aber am Ende fügt sie sich. Nicht zuletzt auch deshalb, weil Gandhi sich selbst nicht zu schade ist, die Fäkalien zu entsorgen. Wie er überhaupt von allen Führungspersönlichkeiten fordert, eine Einheit zwischen den Worten und dem Handeln zu schaffen: »Das politische Leben muss ein Echo des Privatlebens sein; zwischen den beiden darf es keinen Unterschied geben.«

Wertschätzung des Geldes. Auch wenn Mahatma selbst nicht viel mehr besitzt als ein wenig Geschirr und die Kleider an seinem Leib, ist er doch alles andere als ein Verächter des Geldes. Denn er weiß, dass es notwendig ist zum Leben, um Ideen durchzusetzen und die Menschheit vorwärts zu bringen. Im Dezember 1936 besucht ihn ein junger Deutscher namens Herbert Fischer, der 30 Jahre später der erste DDR-Botschafter in Indien werden sollte. Unmittelbar nach seiner Ankunft verliert er seine Jacke mitsamt Pass und Bargeld. Gandhi lässt daraufhin dem Mann eine grobe Decke kaufen, damit er besser über die kalten indischen Nächte kommt. Fischer bedankt sich. Ganz der kommunistische Hagestolz, muss er jedoch betonen, dass es ihm um das Geld nicht schade sei, sondern nur um den Pass, wegen dessen Fehlen er sicherlich Ärger bekommen werde. Klingt edel, hilfreich und gut, doch Gandhi weist den Mann barsch zurecht: »Solange es auf der Welt Armut gibt, junger Freund, sollte man das Geld nicht verachten.« Der echte Weise kennt eben auch den Wert des Geldes.

Askese. Auf den ersten Blick mag es merkwürdig klingen, aber Askese gehört zu den typischen Managertugenden, weil sie nämlich keineswegs der Wertschätzung des Geldes widerspricht. Entdeckt wurde dieses Phänomen von dem Soziologen Max Weber (1864–1920). Er kam aufgrund seiner Studien zu dem Schluss: Antriebsmotor und Säule des kapitalistischen Denkens ist die »innerweltliche Askese«. Was er damit meinte, war eine Geisteshaltung, die sich aus dem puritanischen Gedankengut des 17. Jahrhunderts als Gegenbewegung zur dekadenten Prahl- und Verschwendungssucht des damaligen Adels entwickelte. Ihr Kernsatz lautete: »Müßiggang ist aller Laster Anfang.« Ihre Kernmoral war die Verwerfung allen Ausruhens auf dem erworbenen Besitz und allen Genusses und damit auch das Verwerfen von Faulheit und Sinneslust. Mit anderen Worten: Geld scheffeln galt als gut und von Gott gewollt. Als schlecht und von Gott ungewollt galt es hingegen, das gescheffelte Geld zu horten oder zu verprassen. Entspricht das wirklich dem Mahatma, der »großen Seele«? Das Verwerfen von Faulheit und Sinneslust würde er voll unterstreichen. Nicht umsonst legt er in Südafrika zusammen mit seiner Frau ein Keuschheitsgelübde ab, in dem sie beschließen, nie wieder sexuell aktiv zu werden. Und Arbeit, vor allem die Arbeit mit den eigenen Händen, gilt ihm als das Kriterium des Menschseins schlechthin: »Warum die Nackten demütigen, indem du ihnen Kleider gibst? Gib ihnen Arbeit, damit sie mit eigener Hände Arbeit das Geld für ihre Kleidung verdienen können.« Auch hier lebt uns Gandhi uralte Managertugenden vor, selbst wenn Dinge wie die sexuelle Enthaltsamkeit aus heutiger Sicht angestaubt wirken. Doch Staub allein ist kein Einwand gegen die Wahrheit einer bestimmten Theorie, sondern allein dafür, dass sie in Vergessenheit geraten ist. Wir werden in Kapitel 5 sehen, dass eine gewisse Askese – selbst auf sexuellem Gebiet – auch in modernen Zeiten für den erfolgreichen Menschen nötig sein kann.

2. Was wir von Gandhi lernen können

»Schlecht verdaute Ideen sind viel schlimmer als schlecht verdaute Speisen. Für schlecht verdaute Speisen gibt es Heilung; doch schlecht verdaute Ideen schaden dem Geist, und es gibt keine Heilung dafür.«

Mahatma Gandhi

Mahatma Gandhi ist also durchaus ein Mensch mit typischen Managertugenden. Aber natürlich ist er auch weit mehr als das. Gandhi ist eine überragende Persönlichkeit, von der wir in allen Bereichen unseres täglichen Lebensmanagements lernen können, weil niemand sonst die Eckpunkte des westlichen und östlichen Denkens gleichermaßen besetzt. Mahatma ist ein Versöhner zwischen Kulturen, die sich nur selten wirklich nahe kommen. Das begründete dereinst seinen Erfolg, denn die Engländer und Südafrikaner wären sicherlich nicht so beeindruckt von ihm gewesen, wenn er nur einer von den indischen Yogis gewesen wäre, in deren Schublade ihn Churchill gerne gesteckt hätte. Und die Versöhnung von asiatischem Gehen-Lassen und abendländischem Kontrollieren-Wollen sowie von östlichen Traditionen und westlichem Fortschritt ist es auch heute noch, die den Mahatma so wertvoll für uns macht.

Gandhis Leben: Pendeln zwischen Ost und West

Schon Gandhis Lebensdaten zeigen, wie in ihm westliche und östliche Einflüsse auf einmalige Weise verschmelzen und in ihm seine Managerqualitäten heranwachsen lassen. Geboren wird er als Mohandas Karamchand am 2. Oktober 1869 in einer kleinen Stadt des indischen Bundesstaates Gujarat. Er wird hineingeboren in ein Land, das die britischen Kolonialherren auspressen wie eine Zitrone. Der letzte indische Putschversuch liegt etwa zwölf Jahre zurück, und der war elendig gescheitert. Jetzt, wo gerade der spätere Mahatma geboren wird, liegt Indien einfach nur danieder, voller Angst und außerstande, sich in irgendeiner Weise aus der britischen Umklammerung zu befreien.

Davon merkt der junge Gandhi zunächst einmal wenig. Als Spross einer einflussreichen hinduistischen Familie bekommt er eine gute Ausbildung. Wobei ihm allerdings der Sportunterricht überhaupt nicht behagt. Er geht lieber spazieren; eine Eigenschaft, die ihn sein ganzes Leben lang begleitet und von ihm später – wie beim Salzmarsch – sogar zur politischen Agitation genutzt wird.

Mit sieben Jahren wird er verlobt, mit dreizehn verheiratet. Nichts Besonderes im damaligen Indien und auch heute noch durchaus üblich. Bemerkenswerter ist da schon, dass Gandhis Ehe mit seiner Gemahlin Kasturba bis zu ihrem Tode hält.

Von den uralten indischen Traditionen geht es schon bald weiter in Richtung westliche Zivilisation. Mit sechzehn Jahren kommt Gandhi aufs College in Bhavnagar, wo man nur Englisch spricht, was ihn zunächst in tiefe Verzweiflung stürzt. Zu diesem Zeitpunkt tritt einer seiner wesentlichen Charakterzüge zutage. Gandhi weicht der Herausforderung nicht aus, sondern kniet sich 150-prozentig in sie hinein – ein Lebensprinzip, das wir im siebten Kapitel als »Fasse Mut, überwinde dich selbst!« beschreiben werden. So nimmt er, obwohl ihm die englische Sprache große Probleme bereitet, den Vorschlag eines Familienfreundes an, zum Jurastudium nach England zu gehen.

Schon auf der vierwöchigen Reise ins Zentrum des Commonwealth trifft Gandhi der Kulturschock. Auf dem Schiff sind fast nur Engländer, mit denen er sich kein Wort zu wechseln traut. Nicht nur, weil er ihre Sprache kaum beherrscht, sondern auch, weil er von Natur aus schüchtern ist. Viele Jahre später wird Gandhi einmal sagen: »Meine Schüchternheit war in Wirklichkeit immer mein Schirm und mein Schild. Sie hat mir erlaubt zu wachsen.« Auf seinem England-Trip profitiert er von ihr, indem sie ihn daran hindert, sich in überflüssige Schwätzereien zu verirren. Stattdessen wird er zum scharfsinnigen Beobachter – und dadurch zum Kenner der britischen Kultur.

Darüber hinaus setzt er alles daran, zum englischen Gentleman zu werden, lernt Tanz, Musik, Redekunst, Fremdsprachen und die Grundlagen des römischen Rechts, trifft Theosophen, Muslime und Christen – humanistischer und westlicher kann eine Ausbildung kaum sein. Und noch etwas lernt Gandhi während seines Aufenthalts in England: den sparsamen Umgang mit Geld. Das Leben auf der Insel ist nämlich teuer, und seine Familie hat ihn finanziell nur äußerst bescheiden ausgerüstet. Auf diese Weise macht der Mahatma seinen ersten Schritt zum Asketen, und es ist sicherlich bemerkenswert, dass er als Asiate diesen Schritt ausgerechnet im verwöhnten Europa geht.

Trotz allen Lernens behält Gandhi seine Identität. Als er 1891 nach Indien zurückkehrt, ist er nicht nur fertiger Jurist, sondern auch ein Kosmopolit, der tief in die Verschiedenheit der Völker eingetaucht ist und dabei seinen eigenen Charakter bewahrt hat. In dieser Hinsicht können wir im dritten Kapitel sicherlich von ihm lernen, wie auch wir im Zeitalter der Globalisierung unsere persönliche Integrität bewahren.

Zurück in Indien erlebt Gandhi nur Enttäuschungen. Weil er als in England ausgebildeter Jurist für die Leute zu teuer ist, bekommt er in seiner Heimatstadt Rajkot kaum Aufträge. So zieht er nach Bombay. Dort ergattert er zwar den einen oder anderen Klienten, aber in der indischen Metropole sind die Kosten für den Lebensunterhalt derart teuer, dass er schon bald finanzielle Probleme bekommt. Außerdem verstellt ihm seine Schüchternheit den Weg zu großen und gewinnbringenden Aufträgen: Bei einem Auftritt vor Gericht bekommt er weiche Knie, sodass er den Fall einem Kollegen übergeben muss.

Der innere Quantensprung

So geht der junge Jurist es ein halbes Jahr später wieder zurück nach Rajkot zu seinem Bruder, der ihm jedoch nur ein paar unbedeutende Aufträge vermitteln kann. Zudem setzt der britische Statthalter Gandhi massiv unter Druck. Eine unbefriedigende Situation, weshalb er 1893 das Angebot einer Firma annimmt, für sie als Anwalt nach Südafrika gehen. Ohne einen Schimmer, was ihn dort erwartet.

Schon bald erfährt er am eigenen Leibe, wie schlecht die Inder in Südafrika behandelt werden. Man wirft ihn aus Kutschen und Eisenbahnzügen, verprügelt ihn und verweigert ihm Hotelzimmer und Restaurants. Er beschließt, gegen die Diskriminierung der Inder anzukämpfen. Und hier zeigt sich erstmals Gandhis großes Managertalent. Denn im Unterschied zu den anderen Freiheitskämpfern bleibt er frei von Zorn und Hass, geht seine politischen Agitationen kühl und systematisch an wie der Chirurg seine Blinddarmoperation. Sorgfältige Beobachtung und Analyse lassen ihn seinen Kampf für mehr Freiheit auf drei Säulen bauen: 1. Die Europäer müssen zum Umdenken bewegt werden. 2. Die Regierung muss dazu gebracht werden, die Apartheid zu lockern. 3. Seine Landsleute, die zum großen Teil Analphabeten sind, müssen politisch aktiviert werden. Noch bemerkenswerter als seine Systematik ist aber, dass Gandhi plötzlich seine eigenen Ängste besiegt. Er hält vor seinen Landsleuten die erste Rede seines Lebens. Ohne Lampenfieber, ohne Schwindelanfälle und ohne Zittern in der Stimme. Den ersten

Quantensprung in seinem Freiheitskampf erfährt der eigentlich schüchterne Gandhi also an sich selbst. Und dieses Erlebnis wird später als Forderung bei praktisch all seinen Aktivitäten wieder auftauchen: dass nämlich der Mensch seine Umwelt nur verändern kann, wenn er diese Veränderung an sich selbst vollzogen und damit innerlich ausreichend vorbereitet hat. Darauf werden wir im fünften Kapitel näher eingehen.

Mahatma, der Taktiker

Im August 1894 gründet Gandhi den »Natal Indian Congress«, die erste antikoloniale Organisation in Afrika. Es gelingt ihm, die Rechte der Inder in Südafrika deutlich zu stärken. Und er beweist dabei großes taktisches Geschick. Etwa im Fall des tamilischen Kontraktarbeiters Balasundaram, der von seinem Chef brutal verprügelt worden ist und daraufhin mit herausgeschlagenen Zähnen Gandhi um Hilfe bittet. Der schickt den Mann gleich wegen eines Attests zum Arzt. Zusammen mit diesem Schriftstück und der schriftlich erfassten Aussage des Arbeiters geht Gandhi dann zu dem betreffenden Chef und bittet ihn darum, Balasundaram bei einem anderen Europäer arbeiten zu lassen. Klingt wenig einfallsreich und erst recht nicht mutig. Doch mehr Druck kann er gar nicht aufbauen, weil es nämlich in Südafrika – auch wenn man geschlagen wird – eine Straftat ist, als Arbeiter seinen Job zu verlassen. Gandhi rechnet damit, dass der Firmenboss letzten Endes froh ist, wenn die Sache ohne viel Aufsehen begraben wird. Und der Arbeiter ist froh, woanders unterzukommen. Gandhi hat mittlerweile genug Kontakte, um ihm schon bald einen neuen Job besorgen zu können. Am Ende sind alle Beteiligten glücklich. Diese Taktik des allseitigen Glücklich-Machens wird Gandhi noch viele weitere Male einsetzen. Im zwölften Kapitel werden wir sie als Strategie der verliererlosen Kompromisse auf den heutigen Manageralltag anwenden.

Mahatma, der Strippenzieher

1896 fährt Gandhi zurück nach Indien, um seine Familie nach Südafrika zu holen. Zu diesem Zeitpunkt ist er bereits Manager genug, um der Reise noch einen weiteren Zweck zu geben. Heute würde man das wohl die Kunst der Synergieeffekte nennen. So spricht er mit indischen Zeitungsredakteuren, die dann auch bereitwillig über Gandhis Aktionen in Südafrika berichten. Zudem trifft er sich mit einflussreichen Persönlichkeiten, die Ansprachen für den mittlerweile gereiften Redner organisieren und ihm eine große Resonanz verschaffen. Schließlich widmen sogar die ausländischen Medien dem indischen Freiheitskämpfer ein paar Zeilen. Allerdings bringen deren zugespitzte Berichte Gandhi bei seiner Rückkehr nach Südafrika nichts als Ärger ein. Man lässt ihn und sein Gefolge über drei Wochen auf dem Schifft schmoren, bevor er an Land gehen darf. Und dort erwartet ihn dann eine aufgebrachte Menschenmenge, die ihn lynchen will – weil die Regierung die Angst schürt, Gandhi habe im Sinn, Südafrika mit indischen Arbeitskräften zu überfluten. Erst der Polizei gelingt es, ihn vor dem Pöbel zu retten.

Doch Gandhi lässt sich nicht entmutigen. Denn in seinem Wörterbuch gibt es, wie er betont, das Wort »Niederlage« nicht. Er empfindet vielmehr »die Fortsetzung des Kampfes als Belohnung« – eine Geisteshaltung, die wir im zehnten Kapitel als Prinzip der ehrfürchtigen Führungskraft näher beleuchten werden. Als 1899 der Burenkrieg ausbricht, entschließen sich die Inder unter Gandhis Führung, die Engländer aktiv zu unterstützen. Klar, dass dies auf den ersten Blick wie ein Frevel gegen die von Gandhi propagierte Gewaltlosigkeit (Ahimsa) wirkt. Aber er selbst hat die Gewalt nie vollständig von der Liste seiner politischen Optionen ausgeschlossen: »Wo es nur die Wahl zwischen Feigheit und Gewalt gibt, würde ich die Gewalt vorziehen.« Was deutlich macht, dass Gandhi kein fanatischer Prinzipienreiter ist, sondern ein realistischer Mann der Tat. Einerseits ist er überaus fest in seinen Grundsätzen, denn immerhin hält er oft genug an der Gewaltlosigkeit fest, wo andere schon längst die Keule ausgepackt hätten. Andererseits ist er frei genug in seinem Denken, dass er sich nicht von seinen eigenen Prinzipien verknechten lässt und bei Bedarf auf die Erfordernisse einer konkreten Situation reagiert. Dazu gehört eine Menge Mut und vor allem auch die Fähigkeit des Nicht-Anhaftens. Beides ist im heutigen Managertum mehr denn je gefragt, weswegen wir das siebte Kapitel des Buches diesem Erfolgsprinzip widmen.

Die Inder ernten für ihren Fleiß und ihren Mut zunächst Anerkennung, bald allerdings kehrt das englische Regime nach seinem Sieg über die Buren zurück zur Apartheidspolitik. Als Gandhi nach einer kurzen PR-Tour in Indien wieder südafrikanischen Boden betritt, muss er sogar feststellen, dass sich der Druck auf sein Volk verschärft hat. Er beschließt, sein Leben ganz dem Freiheitskampf zu widmen und die schon erwähnte Philosophie des »Satyagraha« zu entwickeln. Dazu gehört, sich und seiner Frau das Gelübde der Enthaltsamkeit aufzuerlegen. Wie überhaupt Gandhi als Privatperson zu existieren aufhört und ganz zum »Satyagrahi«, zum felsenfesten Verfechter von Wahrheit und Gewaltlosigkeit, wird. Doch während die meisten Manager mehr oder weniger ausbrennen, wenn sie ihr Leben ganz der Arbeit widmen (man denke nur an das berüchtigte Karoshi-Syndrom der Japaner), gelingt es Gandhi immer wieder aufzutanken. Indem er betet oder meditiert, indem er täglich eine Stunde am Spinnrad sitzt, vor allem aber dadurch, dass er in allen seinen Angelegenheiten trotz aller Verbindlichkeit locker und humorvoll bleibt. Man könnte ihn heute wohl am besten mit dem Dalai Lama vergleichen, der ebenfalls unermüdlich arbeitet und dennoch konsequent sein Lächeln und das offene Ohr für seine Mitmenschen behält. Dieser Aspekt, der tief in asiatische Lebensphilosophien wie den Buddhismus hineinragt, gehört sicherlich zu den interessantesten im Leben des Mahatma. In Kapitel 14 wird Näheres darüber zu lesen sein.

Die Knast-Diät

Gandhi tut gut daran, sich voll auf seine Aufgaben zu konzentrieren, denn der Kampf um die Freiheit gewinnt an Schärfe. 1906 kommt es zum Aufstand der schwarzen Zulus, denen Gandhi als Sanitäter zur Seite steht. 1907 schafft man ihn wegen seiner Agitationen gegen die Zwangsregistrierung der Inder für zwei Monate ins Gefängnis. Gandhi freilich versteht es auch hier, synergistische Effekte daraus zu ziehen: Er nutzt die Zeit, um unter dem Eindruck der spärlichen Knastküche seine eigenen Diätprinzipien zu entwickeln, die, so Kapitel 15, auch den heutigen Managern helfen können, Reserven für den Alltag aufzubauen.

1908 prügelt man ihn fast zu Tode, außerdem wird er später mehrmals zu Zwangsarbeit verurteilt. All das hindert ihn nicht daran, direkt vor den Toren Johannesburgs seine »Tolstoi-Farm« zu gründen. Eine Lebensgemeinschaft, die sich ganz an den Prinzipien der Gewaltlosigkeit orientiert, so sehr, dass ihre Mitglieder noch nicht einmal Giftschlangen und Moskitos zu töten bereit sind. Politisch schafft es Gandhi, durch zivilen Ungehorsam die südafrikanische Regierung dazu zu bringen, ein Gesetz zur Entlastung der Inder (»Indian Relief Bill«) zu erlassen. Unter anderem werden nicht nur christliche, sondern auch Ehen von Muslimen und Hindus als legal anerkannt, die Zwangsregistrierung wird abgeschafft. Das neue Gesetz beseitigt zwar nicht alle Probleme der südafrikanischen Inder, doch es verschafft ihnen Selbstachtung genug, den einmal begonnene Freiheitskampf auch ohne ihren Anführer fortzusetzen. 1914 kehrt Gandhi endgültig zurück nach Indien.

Erst zuhören, dann reden

In Indien fühlt er sich zunächst wie ein Fremder. Kein Wunder in Anbetracht von über 20 Jahren Abwesenheit. Gandhi muss feststellen, dass man in seinem Heimatland noch viel weiter vom Freiheitsgedanken entfernt ist als in Südafrika. Die indische Schickeria hat die Lebensgewohnheiten der Engländer adaptiert und suhlt sich in Selbstgefälligkeit, aber auch das arme Volk kennt noch nicht den Mut und die Opferbereitschaft der Inder in Südafrika. Nichtsdestoweniger hält sich Gandhi mit Äußerungen weitgehend zurück und beschließt, zunächst das Land zu bereisen, um sich ein besseres Bild machen zu können. Es entspricht eben seinem Charakter, erst dann etwas zu sagen, wenn klare Gedanken gereift sind und Erfahrungen und Beobachtungen das Gesagte bestätigen können: »Der Mensch hat zwei Augen, zwei Ohren, doch nur eine Zunge. Darum soll er nur halb so viel reden wie sehen und wiederum halb so viel reden wie hören.« Von diesem Prinzip der rhetorischen Askese wird in Kapitel 6 ausführlich die Rede sein.

Kein Platz für Eitelkeiten

Als Gandhi das Land bereist, schlägt ihm überall eine gewaltige Sympathiewelle entgegen. Offenbar haben es die Medien geschafft, ihn und seine Erfolge in Afrika selbst im überwiegend analphabetischen Indien berühmt zu machen. Wiederum bleibt Gandhi immun gegenüber den Verlockungen der Eitelkeit. Er weist energisch die eigenen Verdienste von sich, betont immer wieder, dass die indischen Kontraktarbeiter die wahren Helden im südafrikanischen Freiheitskampf gewesen seien. Und das ist nicht etwa die Attitüde einer aufgesetzten Bescheidenheit, wie wir sie etwa von den heutigen Fußballprofis kennen, die nach dem Spiel gebetsmühlenartig in die Mikrofone sagen: »Auch wenn ich drei Tore geschossen habe, die Mannschaft hat gewonnen.« Gandhis Bescheidenheit entspringt echter Demut. »Ein Leben, dass dem Dienst am Menschen gewidmet ist«, betont er, »muss demütig sein. Wer bereit ist, sein Leben für andere hinzugeben, hat wohl kaum Zeit, sich einen Platz an der Sonne zu reservieren.« Pikanterweise zeigen auch im Geschäftsleben die demütig-bescheidenen Manager die größten Erfolge, während die eitlen Selbstdarsteller unter ihnen allenfalls einen schlechten Ruf erwerben. Es lohnt sich also, dem Gandhischen Prinzip der Demut wie in Kapitel 10 näher auf den Grund zu gehen.

Seine Reisen lassen Gandhi schon bald erkennen, wie man Indien aus der Umklammerung der Kolonialmacht befreien kann: indem man es auf eigene Füße stellt. Dazu gehören: Beseitigung der Unberührbarkeit im Kastenwesen, Förderung der heimischen Industrie und Kultur, Gebrauch der eigenen Sprache statt Englisch sowie die Aufforderung an die Reichen, mit den Armen zu teilen. In einem Zeitungsinterview erklärt Gandhi, seine Arbeit bestünde vor allem darin, die Menschen langfristig dafür auszubilden, sich in den Dienst Indiens zu stellen. Diese Ausbildung sollte in ähnlichen Stätten wie der Tolstoi-Farm in Südafrika stattfinden, den so genannten Ashrams. Und in der Tat: Die Ashrams werden schnell zu den lebendigen Keimzellen des indischen Freiheitskampfes – und zu Anlaufstellen von westlichen Gandhi-Anhängern, von denen mittlerweile immer mehr den Weg nach Indien finden.

Die Regeln in den Ashrams sind zum Teil knallhart: Gewaltlosigkeit, Ehrlichkeit, Besitzlosigkeit, Angstlosigkeit, Enthaltsamkeit (auch in der Ehe) und täglich körperliche Arbeit. Aus heutiger Sicht klingt das möglicherweise alles ziemlich sektenmäßig, doch der entscheidende Unterschied zur klassischen Sekte besteht darin, dass keinerlei Druck ausgeübt wird, die Mitglieder im Ashram zu halten. Außerdem ist das Ziel die Freiheit des unterdrückten Indiens und nicht die Verehrung irgendeiner abstrusen Gottheit, ebenso wenig die Bereicherung eines ominösen Sektenleiters. Nicht umsonst werden die Ashrams auch von einheimischen Industriellen unterstützt, weil sie sehen, dass Gandhi ein aufrichtiger politischer Kämpfer und Führer ist und kein Guru von esoterischen Weltentrückern.

Mahatma, der Multifunktionär

Gandhi betätigt sich in Indien auf ganz unterschiedlichen Feldern: Er gründet Schulen, schlichtet Streiks, eint die indische Unabhängigkeitsbewegung, vermittelt zwischen Hindus und Muslimen. Unter seiner Führung wächst der indische Nationalkongress zu einer Massenbewegung heran, die das englische Empire in echte Nöte bringt. Vor allem auch deshalb, weil Gandhi konsequent das Einhalten der Gewaltlosigkeit fordert. 1920 begründet er die Bewegung des zivilen Ungehorsams, die heute noch als Vorbild für alle gewaltlosen Widerstände gilt. In der Folge gründen die Inder eigene Schulen und Universitäten (Gandhi selbst gründet die »National University of Gujarat«), verbrennen die ausländischen Kleider, verweigern britische Ehrenämter sowie ihre Mitarbeit an englischen Gerichten und englischer Verwaltung. Die Kolonialregierung antwortet darauf mit dem traditionsreichen Prinzip von Zuckerbrot und Peitsche: Wer weiter mit ihr zusammenarbeitet, wird belohnt, wer sich weigert, wird bestraft. Im März verurteilt man Gandhi zu sechs Jahren Gefängnis. Zwei Jahre später wird er – frisch am Blinddarm operiert – frühzeitig entlassen.

Die nächsten Jahre verbringt er damit, in seinem Heimatland Anhänger für sein Reformprogramm zu finden. 1930 erklärt der indische Nationalkongress die Unabhängigkeit Indiens, freilich noch ohne Einverständnis der Briten. Gandhi verzichtet darauf, die englischen Machthaber zu brüskieren, und macht ihnen ein Kompromissangebot, das ihnen ermöglichen soll, Indien zu verlassen, ohne dabei das Gesicht zu verlieren. Ein Vorschlag, mit dem selbst seine engeren Anhänger Probleme haben, weil man die verhassten Engländer am liebsten mit Schimpf und Schande aus dem Land jagen würde. Für Gandhi jedoch, der von sich und seinen »Satyagrahis« unbedingte Demut fordert, während er ihnen gleichzeitig verbietet, jemals einen Menschen zu demütigen, kommt das nicht infrage. Denn nach seinem Credo darf es in dieser Welt keine Verlierer geben. Das ist der entscheidende Punkt in seinem Denken. Deshalb werden wir darauf in den Kapiteln 4 und 12 ausführlicher zu sprechen kommen.

Kontrolle ist gut, Vertrauen ist besser

Bedauerlicherweise lehnen die Engländer Gandhis Kompromisse ab, und so leitet er weitere Aktionen des zivilen Ungehorsams ein. Daraufhin wird er zusammen mit anderen Mitgliedern der indischen Kongresspartei abermals verhaftet, jedoch schon bald wieder freigelassen, weil man Tumulte in der Bevölkerung befürchtet. 1931 kommt es zum so genannten Gandhi-Irwin-Pakt, in dem Gandhi das Zurückschrauben des zivilen Ungehorsams zusagt, wogegen sich der englische Vizekönig Lord Irwin verpflichtet, sämtliche politischen Gefangene freizulassen. Vom anzuerkennenden Unabhängigkeitsstatus Indiens ist dort allerdings nicht die Rede, weshalb Gandhi sich den Vorwurf anhören muss, letztendlich nichts erreicht zu haben. Einige Freiheitskämpfer halten ihn sogar für dumm und naiv. Tatsache ist: Gandhi ist keines von beiden. Für ihn steht vielmehr fest, dass ein Satyagrahi niemals die Motive des Gegners für suspekt halten darf. Lieber lässt er sich hundert Mal betrügen, als den Gegner auch nur einmal zu verdächtigen. Daher geht er immer wieder auf Verhandlungsvorschläge ein. Sollten die positiven Ergebnisse ausbleiben, beginnt er eben aufs Neue mit seinem Kampf. Das ist nicht etwa blauäugig, sondern clever. Gandhi, der Pragmatiker, hätte niemals an diesem Konzept des prinzipiellen Wohlwollens festgehalten, wenn er damit nicht immer wieder Erfolg gehabt hätte. Und bei näherem Hinsehen erweist sich dieses Konzept, wie wir in Kapitel 8 zeigen wollen, selbst aus wissenschaftlicher Sicht als überaus Erfolg versprechend.

Niemals aufgeben

1947 ist es dann so weit. Gandhi trifft sich mit Admiral Mountbatten, dem letzten englischen Vizekönig von Indien, um die Modalitäten der endgültigen Unabhängigkeit des Landes zu klären. Äußerlich besehen können zwei Menschen nicht unterschiedlicher sein als diese beiden Verhandlungspartner. Auf der einen Seite der dürre Asket im Bettlergewand, auf der anderen Seite der durchtrainierte Sportsmann im eleganten Zweireiher, der sich wie selbstverständlich in dem Vizekönigspalast mit seinen 340 Räumen bewegt. Doch auch wenn er Paraden und Uniformen liebt und das Lächeln eines Playboys auf den Lippen trägt, hat die englische Regierung mit der Entsendung Lord Mountbattens eine gute Wahl getroffen.

Denn er ist ähnlich diszipliniert wie Gandhi und im Vergleich zu seinen Vorgängern nicht in der englischen Kolonialbürokratie erstarrt. So geschieht es, dass sich die beiden Männer glänzend verstehen. Wenige Monate später erklärt Indien seine Unabhängigkeit.

Was Gandhi jedoch trotz aller Bemühungen nicht verhindern kann: Zeitgleich erklärt sich das muslimische Pakistan für unabhängig. In der Folge kommt es zu gigantischen Flüchtlingsbewegungen, weil die Hindus Pakistan und die Muslime Indien verlassen müssen. Tausende verlieren nicht nur ihre Heimat, sondern in den ausbrechenden Unruhen auch ihr Leben. Gandhis Traum von der Versöhnung der Religionen bleibt unerfüllt.

Trotz allem verfällt Gandhi nicht in Resignation. Wie überhaupt seine Resilienz, die Fähigkeit zum Ertragen von Schicksalsschlägen, zu seinen großen Stärken gehört und uns, das soll Kapitel 13 zeigen, eine echte Hilfe sein kann. Gandhi startet noch einmal eine von seinen brachialen Fastenkuren, mit der Drohung, sich zu Tode zu hungern, falls man nicht endlich Frieden miteinander schließt. Und tatsächlich: Die erbitterten Feinde schließen Frieden, zumindest vorübergehend, und Pakistan bekommt endlich die 44 Millionen Pfund, die ihm als Zahlungsausgleich bei der Teilung des Landes zugestanden worden sind. Doch der religiöse Fanatismus ist nicht mehr zu stoppen. Im Januar 1948 wird der Hindu Mahatma Gandhi von einem seiner Glaubensbrüder aus nächster Nähe erschossen.

Mahatma und ich: Finde dich selbst!

3. Sei wahrhaftig! – Satyagraha, die Kunst der Integrität

> *»Es bedarf einer viel größeren Anstrengung, den steilen Hang der Wahrheit hinaufzugehen, als die Berge des Himalaja zu besteigen.«*
>
> *Mahatma Gandhi*

Warum sollte er es nicht tun? Die Teufelskralle zählt zu den anerkannten Heilmitteln gegen Rückenschmerzen, und außerdem ist Klaus, weil er als Ressortleiter für Gesundheit bei einer großen Tageszeitung oft genug unter Druck steht, urlaubsreif. Also reitet ihn keineswegs das schlechte Gewissen, als er die Einladung eines Pharmakonzerns annimmt, um sich einmal für eine Woche die Teufelskralle vor Ort in ihrem Herkunftsort Namibia anzuschauen. Und die Reise wird tatsächlich überaus angenehm: Wenig Arbeit, viel Sonne, gutes Essen und anregende Gespräche mit Kollegen. Weswegen es Klaus nach seiner Rückkehr auch nicht schwer fällt, einen schönen Artikel über die Teufelskralle in seiner Zeitung zu platzieren. Doch für den Chef des Pharmaunternehmens ist dieser offensichtlich nicht schön genug. Der ruft nämlich beim Chefredakteur von Klaus an und beklagt sich, dass in dem Artikel nicht ein einziges Mal der Name seines Teufelskrallen-Präparats genannt wird und deshalb auch die Hersteller der Konkurrenzprodukte davon profitierten – »und die haben Ihrem Mitarbeiter schließlich nicht den schönen Trip in die Sonne bezahlt«. Am Ende droht der Pharmachef sogar damit, dass er sich demnächst dreimal überlegen werde, in welcher Zeitung er seine Anzeigen schaltet. Klar, dass der Chefredakteur seinen soeben aus Namibia zurückgekehrten Ressortleiter zu sich zitiert und ihm offen vorhält, dass er in dieser Angelegenheit wohl »arg naiv« gewesen sei. »Außerdem«, so fährt er fort, »wirken Sie jetzt nicht mehr überzeugend, wenn Sie Ihren jungen Kollegen Vorträge darüber halten, wie man journalistisch objektiv und unbestechlich vorgeht.« In diesem Moment weiß Klaus, dass er einen schweren Fehler gemacht hat. Denn er hat es stets genossen, als alter »Journalistenhase« den Neulingen in der Redaktion als Vorbild für korrektes Arbeiten zu dienen. Doch damit ist es jetzt fürs Erste vorbei, wenn seine Teufelskrallenaffäre publik wird. Denn das wird sich in einer Zeitungsredaktion mit hundertprozentiger Sicherheit nicht vermeiden lassen.

Die Familie hat gut gegessen. Vater, Mutter und die 10-jährige Tochter lehnen sich zufrieden zurück. Der Kellner bringt die Rechnung. Vater zahlt per Kreditkarte, und als er den Beleg zurückbekommt, kritzelt er etwas auf dessen Rückseite. Die neugierige Tochter nimmt den Zettel, schaut sich das Gekritzel an und sagt, sodass es jeder hören kann: »Aber der Dr. Kiesewetter hat doch gar nicht mit uns gegessen.« In der Tat: Dr. Kiesewetter, ein Geschäftspartner von Papa, ist nirgendwo zu sehen. Die Eltern kriegen schamrote Köpfe. Peinlich. Noch schlimmer ist aber, dass die Angelegenheit für ihre Tochter mehr ist als nur ein Hinweis auf einen kleinen Steuerbetrug. Sie hat nämlich einen ernsthaften Anlass gefunden, an der Integrität ihrer Eltern zu zweifeln.

Zwei Begebenheiten aus dem Alltag, die zunächst wie Bagatellen wirken. An ihren Auswirkungen sehen wir jedoch, dass es keine Kleinigkeiten sind. Klaus hätte wissen müssen, dass man ihn nicht ins sonnige Afrika einlädt, um ihm etwas Erholung zu gönnen, sondern weil man sich etwas von ihm erhofft. Und erst recht hätte er wissen müssen, dass er seine Kollegen als erfahrener Ressortleiter und Journalist nur dann zur Korrektheit ermahnen kann, wenn in dieser Hinsicht bei ihm selbst keinerlei Zweifel bestehen.

Die Eltern des Mädchens hätten gleichfalls wissen müssen, dass sie ihre Tochter nur dann zu moralischem Handeln erziehen können, wenn sie selbst keine Angriffsfläche bieten. Da spielt es auch keine Rolle, dass man ja nur ein wenig den Staat beschummelt, was »doch schließlich alle tun«. Mit solchen Argumenten hat man bei Kindern als ethisches Vorbild ausgedient, denn bei ihnen wirken moralische Gesetze nur, wenn sie absolut gelten, ohne Einschränkung und ohne Ausnahmen. Gandhi würde dazu sagen: Mit dieser Einstellung haben die Kinder vollkommen Recht.

Ohne Wenn und Aber

Gandhi selbst hat sich bereits als Kind ausgiebig mit Wahrheit und Aufrichtigkeit beschäftigt. Hier liegt der Keim für seine spätere Rolle als »Satyagrahi«, als Kämpfer für die Wahrheit.

Der kleine Mohandas Karamchand Gandhi ist ungefähr zehn Jahre alt, als ein Schulinspektor seine Schule besucht. Er fordert Mohandas und seine Kameraden auf, fünf englische Wörter auf ihrer Schiefertafel zu buchstabieren. Als der junge Gandhi »kettel« statt »kettle« schreibt, flüstert ihm sein Lehrer zu, er solle doch von seinem Nachbarn abgucken. Für jedes Kind sicherlich eine echte Verführung, denn was gibt es Schöneres als unter ausdrücklicher Billigung des Aufsehers nach Herzenslust zu spicken. Doch Mohandas weigert sich. Niemals würde er auch nur ansatzweise daran denken, sich der Verdienste eines anderen zu bedienen. Denn das sei, wie er später betonen wird, nichts anderes als ein Akt von Gewalt. Und die lehnt Gandhi kategorisch ab.

Nun könnte man natürlich einwenden: Na ja, in der Jugend lässt es sich in Sachen Moral noch leicht kategorisch sein. Später, wenn man erwachsen wird, zwingen uns die Lebensumstände jedoch dazu, immer wieder mal auf kleine Lügen und Betrügereien zurückzugreifen. Dann geraten selbst die Moralisten unter uns gelegentlich in Situationen, in denen sie ihren ethischen Grundsätzen untreu werden müssen. Doch genau das würde Gandhi niemals tolerieren. Denn für ihn steht fest: Es gibt letzten Endes nur gute Gründe, an ethischen Grundsätzen festzuhalten, aber keine guten Gründe, sie leichtfertig fallen zu lassen.

Sechs schlechte Gründe, es mit Moral und Wahrheit nicht so genau zu nehmen

Wer davon ausgeht, dass die eine oder andere moralische Ausnahme schon mal rechtens sein kann, argumentiert in der Regel damit, dass diese Ausnahmen in bestimmten Situationen von Vorteil sein können. Für Gandhi ist dieser Einwand unzulässig: »Nur derjenige liebt die Wahrheit, der in allen Lagen an ihr festhält. Niemand wird als Geschäftsmann oder Beamter zur Lüge gezwungen.« Zudem richte jede noch so kleine Lüge letzten Endes Schaden an, weswegen sich auch, so Gandhi weiter, bei näherem Hinsehen jeder angeblich noch so gute Grund für eine Lüge oder ein Abweichen von moralischen Grundsätzen »als Aberwitz« herausstelle. Und dazu gehören die folgenden Klassiker unter den Argumenten für das Relativieren von Moral:

»Keine Regel ohne Ausnahme.« Es sind ausgerechnet die exakten Naturwissenschaftler, die uns diesen Satz eingebrockt haben. Zum Beispiel der Physiker Werner Heisenberg (1901–1976) mit seiner Unschärferelation, wonach prinzipiell sämtliche Teilchen in der Natur imstande sind, sich im Kontrast zu unseren Berechnungen und Gesetzen zu verhalten. Auch Albert Einstein (1879–1955) hat mit seiner Relativitätstheorie und dem Grundsatz

»Alles ist relativ« dazu beigetragen, unsere Welt weniger berechenbar zu machen. Doch was für die Naturwissenschaften gilt, warnt Gandhi, muss für die Moral noch lange nicht gelten. Sie kann nämlich nur funktionieren, wenn sie auf absoluten Maximen begründet ist, die ohne Ausnahme gültig sind. Das können wir deutlich an der Geschichte von den Eltern und ihrer Tochter erkennen: Wenn das moralische Vorbild nur einmal mit einem seiner Gesetze bricht, hat es als Vorbild ausgedient. Albert Einstein musste übrigens selbst erfahren, was Gandhi unter absoluter Integrität und Konsequenz versteht. Während des Zweiten Weltkrieges plädierte der berühmte Physiker an die Männer, keine Waffen zu tragen und nicht am Krieg teilzunehmen. Bei Gandhi fand er damit keinerlei Anklang. Dieser teilte lapidar mit: »Der Militärdienst ist nur das Symptom eines größeren Übels.« Deshalb kratze Einsteins Aufruf nur ein wenig an der Oberfläche. Von viel größerer Bedeutung sei dagegen, dass die Menschen innerlich der Gewalt abschwören und aufhören, auf geistiger Ebene immer wieder neue Keime der Gewalt zu säen. Wie Recht Gandhi damit haben sollte, zeigte sich später, als über Japan jene Atombomben fielen, deren Entwicklung Einstein durch seine Theorien den Weg gebahnt hatte.

»Ich lüge nur da, wo es keinen Schaden anrichtet.« Eines der Lieblingsargumente für das Relativieren von Moral. Das Muster: Da wo es wichtig ist, bin ich moralisch. Da wo es nicht wichtig ist, kann ich auch schon mal die moralischen Zügel schweifen lassen. Der Haken an dieser

Geschichte besteht darin, dass wir gar nicht wissen können, was wichtig ist. So hat der Vater mit seinem gefälschten Beleg für die Steuer sicher nicht daran gedacht, mit dieser Bagatelle jemandem zu schaden. Doch das Vertrauensverhältnis zu seiner Tochter hat er damit ernsthaft zerrüttet. Warum sollte sie ihrem Vater zukünftig glauben, wenn er ihr einen Vortrag hält, wie wichtig es sei, sein Geld mit ehrlicher Arbeit zu verdienen? Warum sollte sie künftig seiner eindringlichen Warnung folgen, dass sie niemals ihre Eltern belügen darf? Der Vater hat ja durch seine Kritzelei auf der Rückseite des Zettels eindeutig bewiesen, dass er die Moral für sich persönlich ebenfalls nicht völlig ernst nimmt.

»Eine Notlüge darf schon mal sein.« Notlügen gelten als Kavaliersdelikt, ganz ähnlich wie in der Rechtssprechung Notwehr und Nothilfe weniger hart oder gar nicht bestraft werden. Der Haken daran: Die Ansichten, wann etwas ein Notfall ist und wann nicht, gehen weit auseinander, gerade wenn es sich um zwischenmenschliche Angelegenheiten handelt. Ist es zum Beispiel eine Notlüge, wenn man den Hochzeitstag vergisst und den ausbleibenden Blumenstrauß damit rechtfertigt, einfach keine Zeit zum Einkauf gefunden zu haben? Ist es eine Notlüge, wenn der Arzt seinem unheilbar krebskranken Patienten die Krankheit verschweigt, um ihn seelisch nicht zu belasten? Die meisten von Ihnen würden wahrscheinlich in beiden Fällen nicken. Beim Ersten, weil es so trivial ist. Beim Zweiten, weil es so menschlich klingt. Für Gandhi wären jedoch beide nichts anderes als eine

Missachtung des Gegenübers. Außerdem sollte man bedenken, dass beide Notlügen einen nicht wirklich weiterbringen. Denn wer es im Alltagsstress nicht schafft, einen Blumenstrauß zu kaufen, signalisiert damit, dass ihm der Partner nicht mehr wert ist als irgendein geschäftlicher Termin – was keinesfalls besser ist, als den Hochzeitstag ausnahmsweise zu vergessen. Und wenn ein Arzt seinem Patienten die Krebserkrankung verschweigt, muss er sich fragen lassen, warum er denn überhaupt die Diagnose vorgenommen hat, wenn er am Ende doch nichts sagen und doch nichts unternehmen will. Im Übrigen reagieren Menschen sehr unterschiedlich auf harte Wahrheiten. Es gibt durchaus welche, die danach zu neuer Kraft finden und selbst schwierigste und angeblich unheilbare Situationen meistern. Solchen Menschen würde man die Chance auf eine energische Selbstinitiative verbauen, indem man ihnen die Diagnose einfach verschweigt.

»Ich wollte dem anderen nicht weh tun.« Gehört zu den beliebtesten Rechtfertigungen für eine Notlüge, weswegen sie denn auch gesondert behandelt wird. Die amerikanische Psychologin Bella DePaulo bezeichnet solcherart legitimierte Lügen als »other-oriented lies« im Unterschied zu den »self-centred lies«, die unserem eigenen Schutz und Vorteil dienen. Sie hat aber auch festgestellt, dass die meisten Menschen, wenn sie ihre Falschaussagen in die Kategorie »Dem anderen nicht wehtun« einteilen, bereits deftigst lügen, sodass in Wahrheit mehr als zwei Drittel unserer Lügen zu den »self-centred lies«

gehören. Was freilich nicht unbedingt verwundern darf. Warum sollten wir ausgerechnet beim Lügen altruistischer vorgehen und mehr an andere denken als sonst? Stellen Sie sich einmal vor, einen Ihrer Mitarbeiter, der über gute Beziehungen zur Vorstandsetage verfügt und sich für gewöhnlich nichts, aber auch gar nichts widerspruchslos gefallen lässt, haben Sie bei einer Nachlässigkeit, bei einer Fehlentscheidung ertappt. Theoretisch müssten Sie ihn zum Gespräch bitten und das Ausbügeln des Fehlers von ihm verlangen. Sie entscheiden sich aber dafür, die Sache auf sich beruhen zu lassen, weil, so meinen Sie, die Angelegenheit vielleicht doch nicht so wichtig ist, wie es auf den ersten Blick den Anschein hatte. Sie zeigen sich nachsichtig und tolerant und loben sich insgeheim für Ihren kollegialen Führungsstil. In Wirklichkeit jedoch, seien Sie ruhig ehrlich zu sich selbst, scheuen Sie die Konfrontation mit dem unbequemen Mitarbeiter. Vielleicht fürchten Sie sogar, dass dieser »ganz oben« gegen Sie intrigieren könnte. Zu wessen Vorteil »lügen« Sie also, wenn Sie den Vorgang verschweigen: aus Rücksicht auf den Mitarbeiter oder aus Rücksicht auf Ihre eigene Position?

»Im eigentlichen Leben liebe ich ja die Wahrheit.« Es ist immer wieder bemerkenswert, wie Menschen in ihrem Leben ein Zwei-Klassen-Modell der Moral aufbauen. Nach dem Muster: Zu Hause sperre ich meiner Frau schon mal die Haushaltskasse, doch in der Firma setze ich mich als Betriebsrat für die Gleichberechtigung der Frauen ein. Oder anders herum: Im Geschäftsleben gebe ich den harten und eiskalten Managerwolf, streiche für den Shareholdervalue auch schon mal Hunderte von Stellen, zu Hause aber verhalte ich mich sanft wie ein Lamm, lese den Kindern aus dem Märchenbuch vor und entlaste meine Ehefrau, wo ich nur kann. Für Gandhi ist diese Mehrphasigkeit in Sachen Moral unhaltbar: »Ich bin der festen Überzeugung und es ist auch meine Erfahrung: Wenn ein Mensch ein moralisches Prinzip in irgendeiner Weise verletzt hat, dann beeinflusst dies auch andere Sphären. Die allgemeine Meinung, wonach ein unmoralischer Mensch im politischen oder geschäftlichen Leben keinen Schaden anrichten kann, ist falsch. Genauso falsch ist die Meinung, dass jemand, der in seinem Geschäftsleben moralische Prinzipien verletzt, dennoch in seinem privaten und familiären Leben moralisch sein kann. Darum: Sobald wir etwas Schlechtes tun, sollten wir die Neigung dazu bekämpfen.«

»Das tun doch alle.« Dieses Argument findet vor Gandhi keine Gnade. Es ist schon schlimm genug, dass wirklich alle lügen. Wenn man diese Tatsache dann auch noch als Rechtfertigung für die eigene Verlogenheit nimmt, brechen alle Dämme und wir schliddern in eine einzige Katastrophe aus Lug und Betrug! Außerdem, so Gandhi, muss jeder Mensch selbst die Verantwortung für sich und sein Handeln übernehmen, er darf sich nicht hinter seinen Mitmenschen verstecken. Selbst dann nicht, wenn er ganz unten in der Hierarchie steht und man ihm seine Rechte genommen hat. Nicht umsonst entlässt Gandhi seine Landsleute nicht aus der Verantwortung, auch wenn sie viele Jahre lang durch das englische Regime verknechtet wurden. Er lehnt es ab, die Hauptschuld für die indische Misere allein den Engländern aufzubürden. Stattdessen fordert er von seinen Landsleuten, dass sie sich selbst aus dem Sumpf von Armut und Lethargie, von Feigheit und Resignation befreien: »Denn nur das gibt euch die erforderliche Autorität, von den Briten eure eigenen Rechte einzufordern.« Vielleicht denken Sie das nächste Mal an diesen Satz, wenn Sie sich wieder einmal wie ein entrechtetes Rädchen im Getriebe Ihrer Firma fühlen. Denn wenn Sie dieses Gefühl kultivieren, wird Sie niemand mehr ernst nehmen. Und wer nicht ernst genommen wird, wird in seinem Leben keine Forderungen durchsetzen und nicht wirklich vorankommen können.

Zwei Lügen pro Tag

Der Soziologe Albert Vrij von der englischen Universität Portsmouth stellte in einer Studie fest: Wir lügen etwa zweimal pro Tag. Er hat auch eine Hitliste der häufigsten Lügen aufgestellt. Im beruflichen Alltag sind es:

»Ich stand im Stau.«
»Ich arbeite morgen zu Hause.«
»Er ist in einer Sitzung.«
»Ich habe Ihnen eine Mail geschickt.«
»Interessant, dass Sie anrufen. Ich beschäftige mich gerade mit der Sache.«

»Wir haben ein Computerproblem.«
»Ich habe die Papiere gestern zur Post gebracht.«

Die häufigsten Lügen im Privatleben lauten:
»Ich komme in letzter Zeit zu nichts mehr.«
»Bei dir war ständig besetzt.«
»Wie schade. Wir haben genau für diesen Abend Theaterkarten.«
»Was für ein aufmerksames Geschenk.«
»Wenn ich wollte, könnte ich sofort mit dem Rauchen aufhören.«
»Natürlich liebe ich dich.«
»Ich lüge nie.«
»Entschuldige, aber ich habe es wahnsinnig eilig.«

Sechs gute Gründe, ein Satyagrahi in allen Lebenslagen zu sein

Während es auf der einen Seite nur eher schlechte Gründe für Lügen und moralische Ausnahmen gibt, existieren auf der anderen Seite umso überzeugendere Gründe dafür, moralisch absolute Maßstäbe anzustreben:

Nichts ist einfacher als Wahrheit und Konsequenz! Schon der Philosoph René Descartes (1596–1650) erklärte, dass Wahrheit die Neigung hätte, »sich in eindeutiger und klarer Sprache« kundzutun. Gandhi geht noch ein Stück weiter mit der Behauptung, dass Wahrheit eigentlich nicht durch Sprache vermittelbar sei. Beide jedoch würden uns zustimmen, wenn wir sagen: Wahrheit ist einfach, sie braucht nicht viele Worte, um sich mitzuteilen. Im Unterschied zur Lüge. Aufmerksame Richter und Polizisten werden Ihnen bestätigen: Wer eine Lüge erfindet, muss in der Regel Hunderte von Lügen nachschieben und ein riesiges Gedächtnis für all seine Lügengeschichten haben, um das Ganze stichhaltig zu machen und den Nachfragen der Zweifler zu begegnen. Weshalb dann auch die meisten Lügner kaum eine Chance besitzen, mit ihrem Lügensystem durchzukommen. Ähnliches gilt für den Gegensatz von Konsequenz und Inkonsequenz. Wer bei einer Linie bleibt, braucht bloß geradeaus zu gehen. Wer hingegen immer wieder davon abweicht, verstrickt sich nicht nur im eigenen Zickzackkurs, sondern muss sich auch immer wieder etwas einfallen lassen, wie er seinen Mitmenschen (und Mitarbeitern) die beständigen Kursabweichungen erklären kann. Das ist anstrengend und führt schließlich zum Scheitern der inkonsequenten Menschen.

Wir schützen uns bereits vor derartig Kräfte raubenden Lügen und Inkonsequenzen, indem wir uns vom Fachchinesisch unserer Branche verabschieden. Millionen von Arbeitsstunden werden nutzlos verschwendet, Millionen von bedruckten Seiten werden niemals gelesen, weil Manager aller Führungsebenen in ihren Weisungen umständlich und wortgewaltig auftreten, anstatt sich um sprachliche Schlicht- und Exaktheit zu bemühen. Also: Achten Sie darauf, dass Ihre Mitteilungen präzise, vollständig und eindeutig sind. Vermeiden Sie lange, blumige und mit Fremdwörtern gespickte Ansprachen, denn es sind nicht Ihre schönen Worte, sondern Ihre Resultate, mit denen Sie Ihre Kompetenz unter Beweis stellen.

Wahrheit schützt vor Stress! Nicht erst seit der Erfindung des Lügendetektors wissen wir, dass Lügen sich auch körperlich niederschlagen. Sie führen zu einer erhöhten Ausschüttung von Stresshormonen, mit der Folge, dass Atem und Pulsfrequenz schneller werden, die Schweißdrüsen aktiv werden und die Muskelspannung ansteigt, die Verdauung aber blockiert wird. All dies führt längerfristig zu Erkrankungen wie Kopfschmerzen, Verspannungen, Reizdarm, Asthma und Herzjagen, weshalb gestresste Menschen unter anderem als besonders infarktgefährdet gelten. Demgegenüber wirkt Wahrheit auf Leib und Seele wie ein Kräftigungs- und Beruhigungsmittel. »Wenn ein Mensch auf Wahrheit besteht«, erklärt Gandhi, »dann verleiht sie ihm Kraft.« Und sie verleiht ihm Frieden. Gandhi selbst berichtet davon, wie er in diversen Situationen die Nähe zur Wahrheit allein dadurch gespürt hat, dass sich in seinem Inneren ein tiefer Frieden breit machte.

Der sanfte »Baldrian-Effekt« der Wahrheitsnähe lässt sich auch im Geschäftsleben beobachten. Die Geschichte vom »kalt lächelnden Lügner«, den nichts erschüttern kann, ist nämlich nichts als eine Legende. Im praktischen Alltag zeichnen sich Lügner vielmehr dadurch aus, dass sie in ihren Aktionen hektisch, flatterhaft und unberechenbar vorgehen. Im Unterschied dazu finden wir gerade im Management immer wieder einen Parallelverlauf von Wahrheitsliebe und Gelassenheit: Führungskräfte strahlen in der Regel nur dann Ruhe aus, wenn sie moralisch integer sind.

Das Denken macht den Menschen! »Wie ein Mensch denkt, so wird er. Wer ständig an Mord denkt, wird Mörder. Wer ständig an Inzest denkt, begeht schließlich Inzest.« So heißt es bei Gandhi. Unsere Gedanken sind also nicht nur bloße Luftblasen im leeren Raum, sondern sie zeigen durchaus konkrete Wirkungen auf unser Tun und unsere Persönlichkeit. Das sollten Sie berücksichtigen, wenn Sie sich nach dem Motto »Die Gedanken sind frei« vor dem geistigen Auge ausmalen, wie Sie den Konkurrenten im Büro beim Vorgesetzten denunzieren. Irgendwann werden Sie tatsächlich zum Denunzianten werden und dadurch eine Mobbing-Spirale in Gang setzen, die sich möglicherweise gegen Sie selbst richten wird. Besser ist es, am eigenen Charakter zu arbeiten, ihn frei von Lug und Betrug zu gestalten. Denn, so sagt es Gandhi: »Wer immer an Wahrheit und Gewaltlosigkeit denkt, wird wahrhaftig und gewaltlos.«

Wahrheit verbessert dein Karma! Gandhi ist ein ausdrücklicher Anhänger der Karma-Lehre, wie sie uns in vielen asiatischen Philosophien begegnet. Kernaussage dieser Lehre ist, dass jede unserer Taten Folgen hat und man sich diesen Folgen nicht entziehen kann. Jede unserer Lügen wird also irgendwann einmal Konsequenzen haben, die uns in tiefe Verzweiflung stürzen. Möglich, dass uns die Keulen des Karma erst nach unserem Tode, in einem der nächsten Leben treffen werden. Aber das ist beileibe kein Trost, weil ja der Tod dann keine aufhebende, sondern lediglich eine aufschiebende Wirkung hätte. Ratsamer ist es also, sich um die Wahrheit zu bemühen, um sich dadurch von Wiedergeburt zu Wiedergeburt zu verbessern. Uns Abendländern scheint die Denkweise von Karma und Wiedergeburt zunächst einmal fremd, doch wir sollten sie nicht zu früh verdammen. So sind junge Eltern immer wieder erstaunt, bei ihren Kindern körperliche und psychische Merkmale vorzufinden, die weit über die Generationen von Eltern und Großeltern hinausgehen. Ein Phänomen, dass die Genetiker bestätigen können. Denn sie fanden deutliche Belege dafür, dass gerade unser Charakter mehr von den Genen als vom Erlernten geprägt wird. Gleichzeitig stellten sie fest, dass diese Gene nicht nur ein Erbe unserer Eltern sind, sondern die Summe unserer gesamten Ahnengalerie bis hinunter zur winzigen Amöbe. Das Karma scheint demnach eine gewisse naturwissenschaftliche Basis zu besitzen. Wenn es Sie also beruhigt, können Sie Ihr Karma durchaus als einen spezifischen Ausdruck Ihrer Gene interpretieren. Das Ergebnis ist dasselbe: Für jede unserer Taten werden wir irgendwann eine Ernte einfahren. Wann es dazu kommt, ob in diesem, im nächsten oder im übernächsten Leben der uns nachfolgenden Generationen, ist unerheblich. Allein das sollte uns ermutigen, im jetzigen Leben den Kurs der Wahrhaftigkeit einzuschlagen.

Wer nach Wahrheit strebt, lässt sich nur schwer belügen! Gandhi sagt: »Ein Leben, das mit dem Geist der Wahrheit erfüllt ist, ist klar und rein wie Kristall. Angesichts eines solchen Menschen hat die Unwahrheit nicht einen Augenblick Bestand. Niemand kann einen Menschen betrügen, der immer die Wahrheit befolgt. Denn es dürfte unmöglich sein, dass eine Unwahrheit in dessen Gegenwart nicht offenbar wird.« Das widerspricht natürlich unserer weitläufigen Meinung, wonach Lügner gerade bei denjenigen chancenlos sind, die sich selbst im Metier des Betrügens und Lügens bestens auskennen. Diese Ansicht übersieht, dass wir durch regelmäßiges Lügen und Täuschen nicht zwangsläufig zu einem Betrugesexperten werden, dem man nichts mehr vormachen kann. Im Gegenteil! Der chronische Lügner ist getragen von der Überzeugung, dass alle so lügen wie er, und dadurch ist er denkbar schlecht geeignet dafür, unter den Aussagen seiner Mitmenschen zwischen Wahrheit und Lüge zu unterscheiden. Ganz anders sieht das bei dem aus, der aufrichtig nach Wahrheit strebt. Vor einem »Satyagrahi« knicken selbst gestandene Lügner immer wieder kläglich ein. Gandhi ist dafür das beste Beispiel, denn sogar seine härtesten Gegner geben zu, dass sie zu allen Mitteln der Diplomatie greifen, den Mahatma aber niemals Aug in Aug belügen können. In der folgenden Geschichte trifft ein Mitarbeiter des Sozialamtes, der einem seiner Kollegen Unregelmäßigkeiten bei der Fahrkostenabrechnung unterschieben will, auf einen Vorgesetzten mit Führungsqualitäten, die an Gandhis Tugenden erinnern. Der Mann geht geradewegs zum Abteilungsleiter, um die entsprechenden Lügen über den Kollegen auszubreiten. Der Vorgesetzte ist jedoch ein Mensch, für den die Wahrheit an der Spitze der Werteliste steht. Seine absolute Integrität strahlt der Abteilungsleiter geradezu Gandhi-mäßig aus, sodass in dem Gespräch nur wenige Minuten vergehen, bis der Denunziant unaufgefordert sämtliche Unregelmäßigkeiten offen legt – allerdings nicht die des Kollegen, sondern seine eigenen.

Wahrheit macht frei! Irgendwie träumen wir alle davon, frei wie ein Vogel zu sein. Doch nur die wenigsten schaffen es, die meisten werden erbarmungslos als Kriechtiere auf den Boden zurückgeworfen. Laut Gandhi darf uns das nicht wundern. Denn solange wir lügen, haben wir keine Chance, die Freiheit zu erlangen. Lügen verstärken unsere Abhängigkeiten. Nicht nur, dass sie weitere Lügen brauchen, um sich halbwegs behaupten zu können. Der Lügner verknechtet sich auch gegenüber seinem eigenen Ich und seiner eigenen Eitelkeit, denn letzten Endes lügt er, um besser vor seinen Mitmenschen dazustehen. Psychologen der University of Virginia können diesen Mechanismus bestätigen. Sie fanden in ihren Studien heraus, dass Lügner meistens zu jenen Menschen gehören, die eine hohe Selbstaufmerksamkeit besitzen und stark von der Meinung anderer abhängig sind. »Sie wollen geliebt werden und anerkannt sein«, so die Wissenschaftler. »Und um sich in einem möglichst guten Licht zu präsentieren, greifen sie zur Lüge.« Wer nach Wahrheit und Integrität strebt, kennt dieses Problem nicht. Er will nicht in besserem Licht erstrahlen, sondern sich so zeigen, wie er ist. Ihm reicht die Wahrheit – oder wenigstens die Suche danach. Das Paradoxe ist, dass er gerade dadurch ein leuchtendes Beispiel für alle ist. Nicht umsonst ist es das Konterfei Gandhis, das die Buchdeckel so vieler Geschichtsenzyklopädien ziert.

Die Frage der Fragen

Sechs gute Gründe dafür, sechs schlechte Gründe dagegen – es ist also offenbar einen Versuch wert, es doch einmal mit Wahrheit und Konsequenz zu versuchen. Eine Frage bleibt freilich noch bestehen: Was ist nun eigentlich diese Wahrheit, für die es sich so zu leben lohnt?

Der Mahatma hält sich bei der Beantwortung dieser Frage bewusst zurück. Er betont, dass Wahrheit eigentlich mittels Sprache nicht auszudrücken sei, weil sie still ihren Einfluss verströmt »wie eine Rose ihren Duft«. Wahrheit, so sagt er, muss gelebt werden. Wahrheit kann nicht erkannt, sondern sie muss erlebt werden. Um diese Fähigkeit zu erlangen, muss der Wahrheitssuchende einen bestimmten Lebensweg einschlagen. Und dieser Lebensweg heißt »Ahimsa«. »Wahrheit«, erklärt Gandhi, »kann niemals erreicht werden, außer durch Ahimsa.« Und: »Ahimsa ist das Mittel, Wahrheit ist das Ziel.«

Was aber heißt »Ahimsa«? Es ist eine Zusammensetzung aus dem Sanskrit-Wort »himsa« (Verletzung, Töten, Brutalität) und der Sanskrit-Vorsilbe »A«, die die Negation des Wortes anzeigt. »Ahimsa« bedeutet also so etwas wie »Frei von Brutalität«. Ins Deutsche übersetzt wurde es meistens mit dem Begriff der Gewaltlosigkeit, was jedoch aufgrund der Wortstamms »Losigkeit« dazu verführt, sie mit Wirkungslosigkeit gleichzusetzen. Wir wollen daher zusätzlich den Begriff der »Nichtgewalt« einführen. Denn auch er drückt klar genug aus, dass Gewalt keine Alternative ist, aber er erinnert zugleich an die »Urgewalt«, wodurch deutlich wird, dass von ihr eine urtümliche und unwiderstehliche Kraft ausgeht. Denn das ist das Entscheidende von Ahimsa: Die Nichtgewalt bedeutet nicht einfach Passivität und leidvolle Toleranz, sondern sie greift aktiv ins Weltgeschehen ein.

4. Warum nicht lieben? – Ahimsa, die Kunst der Nichtgewalt

»Seid nicht beunruhigt, weil die Methode der Gewaltlosigkeit ein äußerst langsamer Prozess zu sein scheint. In Wirklichkeit ist sie die schnellste Methode, denn sie ist die sicherste.«

Mahatma Gandhi

Kathja arbeitet in einer Werbeagentur und ist zur Zeit mit einem großen Projekt beschäftigt, für das sie entweder Unterstützung braucht oder aber einen realistischeren Fertigstellungstermin. Da sie eine selbstbewusste Frau ist, geht sie mit diesem Problem zu ihrem Chef. Der zeigt sofort »Verständnis«: »Ich weiß genau, wie gern Sie zu Hause bei Ihrer Familie wären. Doch auch wenn man Sie dort jetzt vermisst, wird Ihre Familie froh und stolz auf Sie sein, wenn Sie mit der Beförderung nach Hause kommen, die wir für Sie in Erwägung ziehen.« Als Kathja das Zimmer verlässt, ist sie keinen Schritt weiter. Keine Unterstützung, keine Terminverlängerung, lediglich »Verständnis« und die Andeutung einer Beförderung. Aber hatte Kathjas Chef wirklich Verständnis für ihre Situation? Während sie sich in ihrem Bürostuhl dreht, dämmert es Kathja langsam, dass man sie auf abgefeimte Weise unter Druck gesetzt hat, nach dem Muster: Wenn du die Beförderung willst, musst du spuren. Wenn du Familie willst, kannst du gleich nach Hause gehen!

Kathja wurde zum Opfer von Gewalt, nicht von körperlicher, doch dafür umso mehr von emotionaler und rhetorischer Gewalt. Und die kann bekanntlich genauso schlimm oder sogar schlimmer sein als physische. Die Geschichte zeigt sehr deutlich, dass unsere heutigen zivilen Umgangsformen, in denen auf handgreifliche Brutalität weitgehend verzichtet wird, lediglich zu einer Gewaltenverschiebung, nicht aber zu einem Gewaltenrückgang geführt haben. Im Prinzip sind wir heute im Umgang mit unseren Mitmenschen genauso rücksichtslos wie früher. Nur dass wir nicht mehr mit Schwertern oder Keulen aufeinander einschlagen, sondern subtilere Formen der Gewalt anwenden.

Wo Gewalt ist, kann nichts wachsen

Kathjas Beispiel zeigt nicht nur, wie mächtig und wie subversiv nicht-körperliche Gewalt sein kann. Es zeigt auch, warum Gewalt gerade im Management so schädlich ist.

Nach ihrem Gespräch ist Kathja verunsichert. Gewünscht hat sie sich ein wenig Unterstützung bei der Arbeit. Bekommen hat sie: Erstens, einen indirekten Hinweis darauf, dass sie ihre Familie möglicherweise vernachlässigt, was ihr bis dahin noch gar nicht bewusst war und was sie nun auf Kosten der sowieso niemals ausreichenden Arbeitszeit zugunsten der Familie ändern wird.

Zweitens, den unverblümten Hinweis, dass sie nicht befördert wird, wenn sie die Vorgaben des Chefs nicht einhält. Von einer Beförderung war jedoch zuvor noch nie die Rede gewesen. Jetzt wird Kathja entweder darauf spekulieren und das Versprochene irgendwann einfordern, oder sie wird es als das entlarven, was es war, nämlich eine Drohung. Und diese Erkenntnis dürfte Kathjas Identifikation sowie ihren Einsatz für das Unternehmen deutlich sinken lassen. So hinterlässt das Gespräch eine qualifizierte Mitarbeiterin, die sich durch die Äußerungen ihres Chefs unter Druck gesetzt und auf sich allein gestellt fühlt. Man muss kein Hellseher sein, um absehen zu können, dass Kathja in nächster Zeit weit unter dem bleiben wird, was sie tatsächlich zu leisten imstande ist. Und das schadet nicht nur Kathja, sondern auch dem Unternehmen.

Genau da können wir Gandhi ins Spiel bringen. Denn wenn wir sagen, dass Kathja weit unter ihren Möglichkeiten bleiben wird, hat das etwas damit zu tun, dass man ihr die Chance nimmt, zu ihrer Wahrheit zu gelangen. Weil dadurch auch die Firma unter ihren Möglichkeiten bleiben wird, nimmt der Chef mit seiner Drohkulisse auch dem Unternehmen die Chance, zu seiner Wahrheit zu finden. Wem es zunächst abwegig erscheint, das Entfalten von Möglichkeiten mit dem Streben nach Wahrheit gleichzusetzen, sollte sich vielleicht das Beispiel einer Tulpenzwiebel vergegenwärtigen. Kein Mensch sieht dieser Zwiebel an, dass in ihr die Möglichkeit steckt, eine wunderbare Blume zu werden, dass sie also in Wahrheit eine Blume von morgen ist. Wenn ich der

Zwiebel Gewalt antue, indem ich über sie hinwegbetoniere, bleiben ihre Ressourcen für immer ungenutzt.

Gewalt macht im menschlichen Miteinander keinen Sinn, und erst recht nicht im Management. Weil sie nicht nur die persönliche Entfaltung verhindert, sondern auch Behörden, Büros, Firmen und ähnliche Institutionen weit unter ihren tatsächlichen Möglichkeiten bleiben lässt, indem man die Angestellten daran hindert, ihre wahren Qualitäten frei von Drohgebärden, Sanktionsmechanismen und willkürlich ausgespielter Autorität zu entfalten. Nur wer als Manager auf diese Formen der unreflektierten rhetorischen Gewalt verzichtet und seine natürliche Autorität ebenso wie seine Kollegialität ins Spiel bringt, wird dafür sorgen, dass sein Unternehmen von den tatsächlichen Fähigkeiten seiner Mitarbeiter profitiert. Das Aussparen von Gewalt, das Gandhische Ahimsa, wird also auch jenen Ansprüchen gerecht, die an den Wettbewerb der modernen Marktwirtschaft gestellt werden.

Symbole der Macht

Wer den Weg der Nichtgewalt gehen will, muss sich von Machtsymbolen verabschieden. Hier eine Auswahl von typischen Machtsymbolen unserer Zeit:

Chefsessel. Früher saßen die Adligen auf einem Thron, heute sitzen selbst gediegene Abteilungsleiter mitunter auf riesigen Drehsesseln mit mannshohen Rückenlehnen, denen man den Unterschied zum Thron nicht unbedingt anmerkt. Orthopädisch würde es reichen, auf einfachen Hockern zu sitzen und nicht alle Utensilien in Reichweite zu haben, damit man sich immer wieder bewegen muss, um an sie heranzukommen. Übrigens: Gandhi saß die meiste Zeit seines Lebens auf dem Boden, Hemingway schrieb seine Bücher im Stehen.

Prunk. Es gab einmal einen Verleger, der beim Mittagessen seine goldene Uhr auf den Tisch legte und sagte: »Hier. Das ist es doch, wofür es sich zu arbeiten lohnt.« Zwei Jahre später lief gegen ihn ein Verfahren wegen Konkursverschleppung, und seine ehemaligen Mitarbeiter sagten mit Freuden gegen ihn aus. Einer von ihnen kommentierte: »Er kann dann ja im Knast seine Klunker versetzen, damit es ihm gut geht.« So weit zum Thema »Halbwertzeit von Symbolen für Reichtum und Macht«.

Lautstärke. Bosse reden lauter als Untergebene, Männer reden lauter als Frauen. Auch darin zeigt sich nicht etwa Kompetenz, sondern bloße Gewalt. Gandhi schaffte es, mit seiner leisen Stimme ohne Mikrofon vor Tausenden von Menschen zu reden. Weil ihm die Leute mucksmäuschenstill zuhörten – und das ist es ja letzten Endes, worauf es ankommt, oder?

Privilegien. Je nach »Dienstgrad« erhalten Spitzenmanager Handys und Dienstwagen, eine eigene Sekretärin und sogar eigene Kantinen im Obergeschoss des Konzerngebäudes. Warum eigentlich? Privilegien machen träge (weil sie das Gefühl vermitteln, schon alles erreicht zu haben) und brutal (weil man die Privilegien zu schützen versucht). Ein ehrliches Lob sowie die pünktliche Überweisung des Gehalts wirken hingegen wirklich motivierend.

Ahimsa: Weit weg vom Duckmäusertum

Wie können wir Ahimsa als Nichtgewalt im täglichen Leben verankern? Wenden wir uns zur Beantwortung dieser Frage noch einmal Kathja und ihrem Gespräch zu. Hätte sie die Eskalation der rhetorischen Gewalt verhindern können? Sicher, sie hätte von vornherein auf die Konfrontation mit dem Chef verzichten und stattdessen brav ihr Projekt zu Ende bringen können. Beispielsweise durch das Einlegen unzähliger Überstunden. Doch dieser Rückzug hätte nichts mit Ahimsa zu tun. Denn Gandhi betont: »Gewaltlosigkeit bedeutet keinesfalls Ablehnung jeglicher Konfrontation.« Im Gegenteil. Diese sei »eine Form sehr aktiven Kampfes – echter als der gewalttätige Gegenschlag, dessen Wesen im Grunde die Vermehrung der Boshaftigkeit ist.«

Wie wichtig es für Gandhi ist, die Gewaltlosigkeit nicht als Mittel zum feigen Ausweichen des Kampfes zu missbrauchen, zeigt er immer wieder, wenn er Menschen wegen ihrer Feigheit tadelt. Etwa, als in einem indischen Dorf die dortigen Freiheitskämpfer ihre Frauen, Kinder und Häuser verlassen, weil sie von Räubern überfallen werden. Als Gandhi die Männer fragt, warum sie ihre Familien nicht geschützt hätten, antworten sie, dass sie das Prinzip der Gewaltlosigkeit nicht verletzen wollten. Was folgt, ist einer der wenigen Zornesausbrüche des Mahatmas. Gewaltlosigkeit sei keine Entschuldigung dafür, erklärt er, die Familien den Gangstern preiszugeben: »Gewaltlosigkeit ist keine Verschleierung für Feigheit, sondern die höchste Tugend der Tapferen.« Wenn es aber unrealistisch sei, sie durchzusetzen, bliebe auch einem tapferen Satyagrahi nichts anderes übrig als das Mittel der Gewalt.

Also: Würde Kathja die Konfrontation meiden, widerspräche sie dem Ahimsa-Prinzip. Es ist demnach schon richtig, dass sie mit ihrem Chef redet. Aber wie sollte sie das tun? Ihm rhetorisch Paroli bieten und mit schlagfertigen Argumenten auskontern? Damit läge sie durchaus im Trend der heutigen Managementliteratur, wo Bücher wie *Schlagfertig kontern in jeder Situation* und *Nie wieder sprachlos* die Bestsellerlisten stürmen. Doch das ist für Gandhi nichts weiter als bloßer Revanchismus, der Gewalt mit Gegengewalt beantwortet. So wie sich zwei Tischtennisspieler gegenseitig mit Schmetterbällen zuhageln und dabei gar nicht bemerken, dass sie überwiegend damit beschäftigt sind, den Ball vom Boden aufzuheben, weil kein Spiel zustande kommt. Das Ziel von Ahimsa ist hingegen, den Ball im Spiel zu halten. Und das funktioniert nicht, wenn man auf jede Aggression mit Gegenaggression reagiert, auch wenn sie noch so elegant daherkommt.

Was Gandhi und Gabriela Sabatini gemeinsam haben

Kennen Sie noch Gabriela Sabatini? Die argentinische Tennisspielerin entwickelte damals die »Mondball-Technik«, um den vernichtenden Vorhandschlägen von Steffi Graf Paroli bieten zu können, indem sie die Attacken der Brühlerin mit Bällen beantwortete, die meterhoch übers Netz segelten und nach dem Aufprall wiederum meterhoch vom Boden absprangen. Der Effekt liegt auf der Hand: Das Tempo wurde herausgenommen und der Ball blieb im Spiel. Steffi Graf hatte mit dieser – übrigens von der Tenniswelt als Anti-Tennis gescholtenen – Strategie ihre liebe Mühe, und es gelang Sabatini tatsächlich, das eine oder andere Match auf diese Weise zu gewinnen.

Die Mondbälle der Sabatini entsprechen in gewissem Sinne der Nichtgewalt des Mahatma. Weil sie der Konfrontation nicht aus dem Wege gehen, sondern sie auf gewaltlose Weise beantworten und dem Gegner erneut den Ball zuspielen. Nichtsdestoweniger gibt es natürlich auch einen entscheidenden Unterschied zwischen Gandhi und Sabatini. Denn als Tennisprofi wollte die Argentinierin gewinnen, während es dem Mahatma nicht um Sieg oder Niederlage geht, sondern darum, den Ball im Spiel zu halten – und am Ende den Gegner davon zu überzeugen, dass der Kampf sinnlos ist.

Stelle die inneren Weichen!

Was könnten wir nun Kathja raten, um im Gespräch mit ihrem Chef die Weichen auf Ahimsa zu stellen? Zunächst einmal müssen wir ihr die desillusionierende Tatsache beibringen, dass es keine Patentsprüche gibt, um in Konfrontationen nach Lehrbuchmanier das Aufkeimen von Gewalt zu verhindern. Denn Ahimsa kann man nicht durch ein paar kluge Sprüche aufbauen, sie ist kein Thema für Schlagfertigkeitsratgeber. Die Weichen müssen vielmehr im Innern von Kathja gestellt werden – und das schon lange, bevor sie in das Gespräch mit ihrem Chef hineingeht.

So wie jeder Mensch sich an einer Fachdiskussion nur mit guter Sachkenntnis beteiligen sollte, hätte sich Kathja erst auf das Gespräch mit ihrem Chef einlassen dürfen, wenn sie »moralisch gut vorbereitet« gewesen wäre. Was konkret bedeutet: Sie hätte schon lange vorher in ihrer Firma durchblicken lassen müssen, dass sie nicht bereit ist, ihre Familie zugunsten des Unternehmens zu vernachlässigen. Sie hätte zeigen müssen, dass sie unzählige Überstunden auf Kosten des Privatlebens nicht als heroisch einstuft, sondern als Ausdruck mangelnden Selbstmanagements. Dazu hätte es noch nicht einmal einer besonderen Zivilcourage bedurft: Denn immerhin betraut man sie ja mit einem größeren Projekt, ein deutlicher Hinweis darauf, dass man Kathja aufgrund ihrer Kompetenz für wichtig hält und nicht wegen ihrer Bereitschaft, auf das Familienleben zu verzichten.

Aber Kathja hat versäumt, in punkto Familie und

Beruf klare Signale zu setzen, wahrscheinlich deshalb, weil sie selbst keine eindeutige Position dazu besitzt. Genau das allerdings macht sie moralisch anfechtbar, weshalb es ihrem Chef gelingt, sie mit ein paar simplen Killersprüchen auszuhebeln. Dem Mann wäre kaum eingefallen, ihr rhetorische Gewalt anzutun, wenn ihm seine Mitarbeiterin mit einer in dieser Hinsicht eindeutigen Moral gegenübergetreten wäre.

In Indien sagt man, die Anwesenheit eines gewaltlosen Menschen verwandle seine Umwelt. Kathja hätte dies erleben dürfen, wenn sie an ihrer persönlichen Integrität gearbeitet und dadurch den Geist der Gewaltlosigkeit entwickelt hätte. So wie Gandhis Mitmenschen es erleben dürfen, Tag für Tag. Jeder, der ihm begegnet, ist beeindruckt von dem Frieden, der vom Mahatma ausgeht und davon, mit welcher unwiderstehlichen Konsequenz er sein Gegenüber geistig zu befruchten weiß. Sein Sekretär und späterer Biograf Pyarelal beschrieb einmal das Zusammensein mit Gandhi wie folgt: »Bei einem Streit versuchte er nie, seinen Gegner durch intellektuelles Niederknüppeln zu bewältigen. Er verwandelte seinen Gegner in einen Bruder, einen Mitsuchenden nach der Wahrheit.« Und: »Er setzte niemanden für etwas ein, das nicht zu dessen Besten gewesen wäre. Er benutzte seine Instrumente so, dass er aus jedem das Beste herausholte und entwickelte, sodass sie von Tag zu Tag an Kraft und Format zunahmen.«

In diesem Moment fühlt man sich wieder an die Zwiebel erinnert, die zu ihrer Tulpenwahrheit geführt wird. Gandhi ist so ein »Menschengärtner«, der die Wahrheit aus den menschlichen Zwiebeln herausholt, der seine Umwelt zu ihren wahren Möglichkeiten finden lässt, ohne sie zu manipulieren. Auch wenn Kathja und wir vielleicht nie ähnlich hohe Qualitäten erreichen werden: Es reicht ja schon, den Weg in diese Richtung zu gehen. Allzu lange warten sollte man damit jedoch nicht, denn sonst besteht, so warnt uns Gandhi, die Gefahr, dass wir zu haltlosen Träumern werden: »Wir träumen immer weiter über die vielen Dinge, die wir tun möchten, hätten wir nur die Zeit dazu. Irgendwie finden wir aber immer nur eine viertel oder halbe Stunde oder nur ein paar Minuten Zeit, und dann sagen wir: ›Was nützt uns das, wir haben jetzt keine Zeit.‹ Auf diese Weise träumen wir immer weiter, und die goldenen Möglichkeiten entgleiten uns.«

Also sollten auch Kathja und wir nicht zu lange damit warten, den Weg zum Satyagraha zu gehen. Der erste Schritt besteht darin, uns selbst mit schonungsloser Selbstkritik und Offenheit zu begegnen.

5. Bleib in deiner Spur! – Das Gandhi-Prinzip von Selbstkritik und schonungsloser Offenheit

»Das Bekenntnis der eigenen Fehler wirkt wie ein Besen. Der Besen fegt den Dreck weg, ein Bekenntnis tut nichts weniger.«

Mahatma Gandhi

Gregor und Sven arbeiten bei einem Landwirtschaftsarchitekten. Man hat sie mit einem größeren Projekt in der Stadtbegrünung betraut, in dem es von kniffligen Gestaltungsproblemen nur so wimmelt. Dennoch gelingt es beiden gemeinsam, einen wunderbaren Plan zu entwerfen, den sie eines Tages dem Chef und ihren Kollegen vorstellen. Während der Präsentation schafft es der eloquente Gregor, das Auditorium mit geschickten rhetorischen Einlagen (»Der Sven war mir eine tolle Hilfe ...«, »Wir waren schon fast fertig, als mir auffiel ...«) davon zu überzeugen, dass ihm der Hauptverdienst bei der ganzen Sache zukommt. Ein klarer Akt von Gewalt, der subtil genug ist, dass keiner ihn so recht begreift. Außer Sven natürlich. Doch der traut sich nicht, was zu sagen, unter anderem weil er weiß, dass man ihm das nachträgliche Herausstreichen seines Verdienstes als Eitelkeit und Nachkarten auslegen wird.

Als Gregor zu Hause ist, stellen sich Gewissensbisse

ein. Und die lassen ihm keine Ruhe, sodass er am nächsten Morgen bei seinem Chef vorspricht, um die Anteile von ihm und Sven am Projekt gerade zu rücken. Der Chef tadelt ihn, vergisst aber auch nicht, ihn dafür zu loben, dass er seinen Fehler nicht nur eingesehen, sondern auch eingestanden hat. Er fordert Gregor auf, sich persönlich bei Sven zu entschuldigen. Außerdem soll er vor der nächsten Sitzung noch einmal die partnerschaftliche Entwicklung des Projekts herausstreichen, eine öffentliche Entschuldigung braucht er dann aber nicht mehr abzugeben. Eine gute und einvernehmliche Lösung im Sinne des »Ahimsa«. Weil sie dem Benachteiligten Genugtuung in Form einer persönlichen Entschuldigung und einem öffentlichen Geraderücken der Verdienste verschafft, andererseits aber auch dem Schuldigen hilft, sein Gesicht zu wahren. Möglich ist das alles nur, weil Gregor in sich gegangen ist. Weil er nicht in die Kneipe seinen Triumph feiern ging, sondern sich vor sein eigenes Moralgericht stellte und für schuldig befand.

Selbstkritik: Alle profitieren

Möglicherweise würden die meisten zustimmen, dass Gregor nicht richtig handelte, als er die Meriten für das Projekt einstrich. Vielleicht würden aber auch viele zu bedenken geben, dass es eben für die Karriere unumgänglich ist, sich einen »guten Lebenslauf« zu verschaffen, in dem die eigenen Verdienste deutlich hervorgehoben sind, und dass es dabei auch schon mal zu Ungerechtigkeiten kommen kann. Tatsache ist jedoch, dass Gregor, wenn er weiter an seinem Betrugsmanöver festgehalten hätte, seine eigenen Karrierechancen deutlich verringert hätte. Denn sein Kollege Sven hätte seine Kooperationsbereitschaft mit ihm sicherlich zurückgefahren, mit der Folge, dass Gregor bei dem Projekt fortan mehr oder weniger alleine dagestanden hätte. Außerdem würde Sven wahrscheinlich irgendwie versuchen, Gregors Anmaßung zu entlarven, und damit das ohnehin belastete Betriebsklima weiter vergiften. Das schadet sowohl dem Projekt als auch Gregors Karriere, denn man hat auf dem Arbeitsmarkt umso mehr Chancen, je besser der Ruf der Unternehmen ist, bei denen man gearbeitet hat.

Demgegenüber hat Gregors Selbstkritik das Unternehmen nur weitergebracht. Das Projekt bleibt weiterhin kompetent betreut, das Betriebsklima wird sogar verbessert – denn der Chef konnte seine Führungskompetenz unter Beweis stellen und durch den »Fall Gregor« zu verstehen geben, dass Fehler in seinem Betrieb nicht mit vernichtenden Sanktionen bestraft werden, auch wenn der Fehler eine Unaufrichtigkeit, eine Lüge ist. So etwas nimmt den Mitarbeitern die typischen Ängste eines Angestellten – und wer keine Angst hat, arbeitet bekanntlich besser.

Ganz zu schweigen davon, dass Gregors Selbstkritik ihn persönlich nur nach vorne bringt. Einen Fehler macht man tatsächlich dann nur einmal, wenn man ihn sich eingesteht. Wer dazu nicht fähig ist, kann sich nicht zum Besseren entwickeln. Und wer glaubt, dass man nach einer uneingestandenen Lüge einfach zu Tagesordnung der Wahrheit zurückkehren kann (»Ist mir halt passiert, das nächste Mal mach ich es besser!«), befindet sich auf dem Holzweg. Wie heißt es in der indischen Karma-Lehre? Die Taten machen den Menschen. Wer lügt, macht nichts anderes, als dass er sich einen weiteren Schritt in Richtung Lügner bewegt, dem niemand mehr über den Weg traut. Die Wahrscheinlichkeit, dass Gregor nach seiner uneingestandenen Lüge nochmals lügen wird, ist erheblich größer als die Wahrscheinlichkeit, dass er danach zur Wahrheit zurückkehrt. Gerade deswegen betont Gandhi, für wie wichtig er die tief empfundene Reue für die Entwicklung der Persönlichkeit hält, und die kann nur derjenige verspüren, der seine Schuld sich selbst gegenüber nicht verschweigt. Dennoch warnt er davor, gleich in jedem Fall reumütig das Haupt zu senken:

»Wir sollten nicht unglücklich sein, wenn wir mal einen Fehler machen. Wir haben nur dann Grund, unglücklich zu sein, wenn wir den Fehler begangen haben, weil wir einer Schwäche in uns nachgegeben haben oder weil wir nicht wachsam genug waren oder weil wir uns nicht bemüht oder nicht ausreichend bemüht haben, diese Schwäche zu überwinden.« Beklagenswert sind also nicht die Fehler an sich, denn diese sind menschlich. Beklagenswert sind die Fehler, die die Menschen aus Nachlässigkeit im Umgang mit sich selbst begehen, wobei eben jene Nachlässigkeit auch den Selbstbetrug erzeugt, der die schonungslose Selbstkritik unterbindet und die Menschen davon abhält, ihre Fehler zuzugeben und wirkliche Reue über das begangene Fehlverhalten zu empfinden. Aber dagegen gibt es ja laut Gandhi ein wirksames Mittel: das stets wachsame und kritische Auge auf uns selbst.

Sei streng zu dir selbst wie zu keinem sonst!

Wie ernst Gandhi die Selbstkritik nimmt, zeigt die folgende Beschreibung seines Biografen Pyarelal: »Täglich hielt er schweigend Gericht über sich selbst und forderte sich auf, über die nichtigste seiner Handlungen Rechenschaft abzulegen. Nichts entging seiner genauen Prüfung. Gandhi hatte keine Nachsicht mit sich selbst. Manchmal schien es beim Zuschauen eher, als treibe er seine Selbstprüfung und Selbstkasteiung so weit, dass er sich und den Menschen seiner nächsten Umgebung ungerecht würde. Er hielt beispielsweise die alte Gewohnheit aufrecht, nach dem öffentlichen Abendgebet Schmuckstücke zu versteigern, die dem Harijan Fonds (einem Fonds zur Unterstützung der Unberührbaren, der untersten Gruppe im indischen Kastensystem) gespendet worden waren ... An einem regnerischen Samstag wurde das Abendgebet unter einer durchnässten Shamiana (einem großen Zelt) abgehalten. Danach fand keine Versteigerung statt, da die Menschenmenge viel kleiner war als sonst. Später machte sich Gandhi deswegen Vorwürfe. Bekundete er nicht fehlenden Glauben, indem er aufgrund der geringen Anzahl von Anwesenden niedrigere Versteigerungseinnahmen befürchtete?«

Einige von Ihnen mögen derartige Pflicht- und Schuldgefühle als extrem ansehen. Doch mit einem solchen Urteil sollten Sie vorsichtig sein. Es ist ja gewissermaßen Gandhis »Job«, seine Lebensaufgabe, Indien und die Bewohner zur Freiheit zu führen, nicht zuletzt durch den Kampf gegen des Kastensystem. Demnach erwartet er von sich letztendlich nicht mehr, als wir von anderen auch erwarten, die ernsthaft ihrem Job nachgehen. Oder was würden Sie von dem Bankangestellten halten, der es ablehnt, für eine greise und schwer kranke Frau ein Girokonto zu eröffnen, weil dabei für die Bank nicht mehr viel zu holen ist? Sie würden ihn für einen gefühllosen Unmenschen halten, der seinen Job abspult, ohne mit Herz und Verstand dahinter zu stehen. Ganz ähnlich fühlt sich Gandhi, als er die Versteigerung fallen lässt, nur weil kaum jemand anwesend ist.

Es ist also letzten Endes gleichgültig, auf welchem Weg wir unsere persönliche Integrität finden. Hauptsache, wir belügen uns nicht selbst und halten diesen Weg ein, unbeeindruckt davon, wie wir in den Augen anderer dastehen. Wenn der Seniorchef eines Devotionaliengeschäfts daran festhält, dass jeder Kunde persönlich und, wenn es sein muss, sogar stundenlang beraten wird, bis er die richtige Weihnachtskrippe gefunden hat, dann geht er damit den Weg des Satyagraha, weil er das Beste für den Kunden und damit für sein Geschäft herausholen will. Selbst wenn er dafür vom Juniorchef belächelt wird, der die »ganze Devotionalienkiste« am liebsten nur noch per Internet abwickeln würde, um Personal zu sparen. Es kommt also nicht darauf an, auf welchem Weg wir gehen, und wer uns darauf beobachtet. Es zählt nur, dass wir ihn im Geiste von Satyagraha und Ahimsa, im Geiste der Integrität und Nichtgewalt gehen, wobei wir offen, schonungslos, unnachgiebig und streng mit uns sein müssen, um den einmal gewählten Weg unbeirrt weitergehen zu können.

Das klingt einfach, ist es aber nicht. Auch Gandhi kam nicht als Satyagrahi auf die Welt, sondern musste sich dieses Attribut im Laufe vieler Jahre erarbeiten. Drei Dinge haben ihm dabei wesentlich geholfen:

- Askese
- Offenheit
- Die unbedingte Kraft der Gelübde

Askese: Sei sparsam mit deinen Energien!

Schon seine äußere Gestalt lässt ahnen, dass Mahatma Gandhi zu den Asketen zählt. Und in der Tat: Die Enthaltsamkeit spielt in seinem Leben und Werk eine zentrale Rolle, »denn ohne sie ist es schwer, Ergebnisse zu erzielen«. Der Grund: Wir können unmöglich unsere Potenziale ausschöpfen, wenn wir von Leidenschaften behindert werden. »Selbstverwirklichung ohne Selbstdisziplin und Selbsteinschränkung«, warnt Gandhi, »ist unmöglich. Der Körper kann entweder der Kampfplatz der Leidenschaften oder der Tempel der Selbstverwirklichung sein. Im zweiten Falle gibt es keinen Platz für Ausschweifungen. Die Bedürfnisse des Geistes müssen das Fleisch in jedem Augenblick zügeln.« Womit auch deutlich wird, dass es vor allem die Sinnlichkeit ist – die Gaumenfreuden und die Sexualität –, die er als Ablenkung auf dem Weg zum Satyagraha betrachtet.

Von der Gandhischen Diät wird in Kapitel 14 ausführlich die Rede sein. An dieser Stelle soll es zunächst um die sexuelle Askese gehen, deren Forderung heute angesichts beinahe unbegrenzter Freizügigkeit eher angestaubt wirkt. Doch bei näherem Hinsehen zeigt sich: So ganz Unrecht hat der Mahatma wohl auch damit nicht.

Um verstehen zu können, wie Gandhi überhaupt dazu kommt, die sexuelle Askese einzufordern, müssen wir seine Erfahrungen auf diesem Gebiet beleuchten. In seinen jungen Jahren ist Gandhi ein überaus sinnlicher Mensch. Schon im zarten Alter von dreizehn Jahren wird er mit der gleichaltrigen Kasturba verheiratet, die, obschon sie von ihm nicht aus freiem Willen ausgesucht wurde, bei ihrem Gatten heftigstes Begehren auslöst. Tag und Nacht ist er besessen von dem Gedanken an seine Frau. Und weil er tagsüber aufgrund der strengen Vorschriften in der Schule keine Gelegenheit findet, sich ihr zu nähern, ergreift er in den Nächten die Initiative, wobei er nicht nur körperlich aktiv wird, sondern sie auch mit betörenden Reden zudeckt – so sehr, dass sie, wie er später zugibt, »wahrscheinlich kein Auge zumachen konnte«.

Trotz aller Sinnlichkeit ist Gandhi ein treuer Ehemann. Sein Verlangen richtet sich ausschließlich auf Kasturba. Allerdings werden seine Begierden so stark, dass sie schließlich auch seinen Verstand umnebeln. Er entwickelt regelrechte Eifersuchtsneurosen. Vermutet überall Konkurrenten, die ihm seine Frau streitig machen wollen. Fordert von ihr alle möglichen Pflichterfüllungen, um sie beschäftigt zu halten, damit sie nicht auf unkeusche Gedanken kommt. Wenn sie mal nicht will – und Kasturba will oft nicht, weil sie eine selbstständige Frau mit eigenem Willen ist –, greift er zu dem in Indien üblichen Mittel, um die Lebensgefährtin zu bestrafen: Er schickt sie zurück zu ihren Eltern. Einmal bringt seine Eifersucht ihn derart in Rage, dass er Kasturbas Armreif zerbricht und sie für ein ganzes Jahr zu ihren Eltern verbannt.

Doch Gandhi hat Glück. Er hat nämlich in Kasturba eine Frau, die ihm die erste Lektion in Sachen Nichtgewalt verabreicht. Sie denkt überhaupt nicht daran, sich der Gewalt ihres Mannes einfach auszuliefern. Je mehr er von ihr einfordert, desto mehr verweigert sie sich ihm und entwickelt eine Art passiven Widerstand, den Gandhi später zu einer der Hauptwaffen im Freiheitskampf macht. Sie geht immer, wohin sie will und wann sie will. Wenn ihr Gatte sie bestraft, nimmt sie die Bestrafung hin, lässt aber keinesfalls in ihrem Bestreben nach Autonomie nach. Gandhi selbst gibt später zu, dass ihn Kasturbas Verhalten schwer beeindruckt und ihn beim Entwerfen der Ahimsa-Lehre stark beeinflusst hat.

Gandhi lernt also früh, dass unkontrollierte Sinneslust dazu führt, Gewalt auszuüben und die Beherrschung über sich zu verlieren. Als Satyagrahi kann er das nicht mehr akzeptieren. Denn: »Alle Dinge zu beherrschen außer sich selbst, ist ebenso enttäuschend und unbefriedigend wie eine bemalte Muschel, die äußerlich schön, im Innern jedoch hohl und leer ist.« Den negativen Höhepunkt in Gandhis sexuellem Erfahrungsschatz bildet sein Beischlaf-Fauxpas, während sein Vater im Sterben liegt. Der junge Gandhi massiert dem alten Herren seine schmerzenden Gliedmaßen, ist dabei aber ganz in Gedanken bei seiner schwangeren und dementsprechend gerundeten Frau. Als ein Onkel kommt, um ihn bei der Sterbewache abzulösen, rennt er nach Hause, um die schlafende Kasturba zu wecken und über sie herzufallen. Kurz darauf holt man ihn aus dem Zimmer und sagt ihm, dass sein Vater gestorben ist. Und damit nicht genug: Einige Tage später erleidet Kasturba eine Fehlgeburt. Man kann sich vorstellen, wie dieses Zusammenfallen der Geschicke Gandhis späteres Verhältnis zum Geschlechtsakt geprägt hat.

Dennoch wird Gandhi alles andere als ein bornierter Moralist und Frauenhasser, wie es ja so häufig bei religiösen Menschen zu beobachten ist. Im Gegenteil. Frauen spielen später in seinen Ashram-Gemeinden eine zentrale Rolle, und den Sexualtrieb erklärt er sogar »für eine feine und edle Sache«. Doch diese Sache hätte nun einmal den Nachteil, dass sie Energien von uns abzieht und daher für jemanden, der den Weg des Satyagraha und Ahimsa gehen will, nicht infrage kommt, weswegen in Gandhis Ashrams das Zölibat selbst für Eheleute ausgesprochen wird.

Mit dem Argument vom sexbedingten »Energienklau« liegt Gandhi ganz auf der Linie traditioneller indischer Philosophie. Demnach verfügt jedes Individuum nur über einen begrenzten Fundus an Energien, mit dem man sparsam haushalten muss. Sexuelle Begierden neigen nun aber dazu, sich aus diesem Energienpool besonders viel herauszubrechen, was aus biologischer Sicht nicht verwundern darf, weil sie schließlich zum Erhalt der Gattung beitragen. Wer sich also sexuell gehen lässt oder möglicherweise die Sexualität sogar zum zentralen Bestandteil seines Lebens macht, muss damit rechnen, dass ihm Energien für andere Dinge fehlen. Er darf sich daher nicht wundern, wenn ihm im beruflichen und privaten Alltag weniger Erfolge zufallen als anderen.

Man sollte vorsichtig sein, diese Ansicht als überholt abzutun. Schon Sigmund Freud (1856–1939) postuliert mit seiner These, wonach unterdrückte Sexualität oft über hervorragende kulturelle Leistungen kompensiert würde, eigentlich nichts anderes, auch wenn er dem Ganzen damit einen psychoanalytischen Touch verleiht. Nach dem Prinzip: Wer seine Sexualität auslebt, wird vielleicht glücklich, doch wer sie unterdrückt, wird vielleicht erfolgreich.

Heutige Wissenschaftler betonen, dass die sexuelle Befreiung der letzten Jahre uns weniger befreit, als vielmehr unter Druck gesetzt hat, weil nämlich aus dem intimen Sex ein leistungsorientierter Sex wurde. Man denke nur an Buchtitel wie *Der Superorgasmus. Höhepunkte zum Abheben* oder *Der perfekte Liebhaber. Sextechniken, die sie verrückt machen*. Der Sex mutierte zu einer Art sportlichem Wettbewerb, in dem sich alle als Verlierer fühlen müssen, die es nicht zur vollkommenen Ekstase bringen – und das sind ziemlich viele, weshalb denn auch in amerikanischen und europäischen Betten mehr Frust als Lust regiert. Das alles hat natürlich Folgen weit über das Sexuelle hinaus. Denn jemand, der nun auch noch beim Sex Leistung bringen muss und dabei vor lauter Leistungsdruck nur Frust einfährt, muss in anderen Bereichen gleichfalls nachlassen. Leistungssportler schaffen es in der Regel auch nicht, neben ihrer Athletenkarriere eine Ausbildung zu machen oder einem Beruf nachzugehen, weil die menschlichen Leistungsressourcen nun einmal limitiert sind. Und dass Frustrationen lähmend auf uns wirken, hat wohl schon jeder einmal an sich erlebt. Insgesamt spricht also nicht wenig für die altindische These von den begrenzten Energiereserven und der daraus abgeleiteten Forderung, im Sex maßvoll zu sein.

Sieben Regeln und Leitsätze für den maßvollen Sex

Sex ist nicht wichtiger als andere Triebe auch! Sex ist nur einer von vielen Trieben, und er ist weder biologisch, noch psychologisch wichtiger als Hunger, Durst oder andere Triebe. Allerdings wurde das sexuelle Verlangen lange Zeit moralisch stärker unterdrückt, sodass bürgerliche Psychoanalytiker und Literaten zu der fälschlichen Ansicht kamen, ihm müsse eine besondere Rolle zukommen.

Enthaltsamkeit erhöht nicht die Lust! Viele glauben, dass längere Sexpausen die Sehnsucht nach Sex nur noch stärker werden lassen. Gandhi ist das beste Beispiel dafür, dass dem nicht so sein muss. Auch in der wissenschaftlichen Literatur gibt es keinen Beweis dafür, dass die Askese die Lust erhöht. Entscheidend ist vielmehr, ob während der enthaltsamen Phase ein erfülltes Leben geführt wird. Wer sich im Zölibat langweilt, wird dieses schon bald brechen. Wer hingegen stets zu tun hat, wird es ohne Probleme durchhalten.

Keinen Sex aus Medien! Wer sich ständig pornografische Reize aus dem Internet, von Videofilmen oder anderen Medien holt, riskiert, dass sich sein Gehirn immer mehr in den entsprechenden Bildern verstrickt, bis es schließlich zum Kontrollverlust kommt. Wissenschaftliche Studien belegen, dass Sex aus dem Internet ähnlich süchtig machen kann wie Heroin.

Machen Sie keinen Sport daraus! Sex sollte zu den Bereichen im Leben gehören, in denen keine Leistung gefordert wird. Es gibt durchaus Paare, die lediglich einmal pro Woche fünf Minuten Sex miteinander haben, immer in derselben Stellung, und ihr Geschlechtsleben trotzdem als erfüllt empfinden.

Lassen Sie sich nichts vorschreiben! Denn es gibt keine allgemeine Regeln für eine erfüllte Sexualität. Während einige es eher kuschelig mögen oder ein langes Vorspiel brauchen, kommen »andere direkt zur Sache«, und es macht ihnen trotzdem Spaß. Was allein zählt: Es muss nicht nur einem, sondern allen Beteiligten Freude machen.

Kein Zwang! Zwingen Sie niemanden zum Sex, auch wenn der Zwang nicht-körperlich ausgeübt wird. Selbst bei den so genannten »Verführungskünsten« (wozu auch rhetorische Verführungstricks zählen) sollten Sie stets im Hinterkopf haben, ob Sie nicht bereits die Grenze zur Manipulation und damit zur Gewalt überschritten haben. In Ihrer Sexualität sollte wie in den anderen Bereichen Ihres Lebens das Prinzip der Nichtgewalt herrschen.

Treue spart Kraft! Jenseits von aller Moral sollten Sie bei Untreue immer bedenken, dass sie Energien kostet. Nicht nur, dass Sexualität prinzipiell viele Energien aus Ihrem Pool herausbricht, auch das ständige Lügen und Vertuschen macht Sie müde und ausgelaugt. Ganz zu schweigen davon, dass Untreue ein Gewaltakt gegenüber denen ist, hinter deren Rücken sie ausgeübt wird.

Offenheit: Der Schlüssel zur Wahrheit

Gandhi ist ein entschiedener Verfechter von absoluter Offenheit: »Meiner Meinung nach ist Geheimhaltung Sünde und ein Merkmal der Gewalt, und sollte daher ganz klar vermieden werden.« Nur jene Menschen und Unternehmen können den Weg von Wahrheit und Gewaltlosigkeit einhalten, die keine Geheimniskrämerei betreiben. Was, wie Gandhi erklärt, schon allein aus dem

Begriff der Wahrheit folgt: Wie soll Wahrheit gefunden werden, wenn irgendetwas verborgen bleibt?

Für Gandhi ist es wichtig, dass die strengen Leitlinien auch für angebliche Trivialitäten gelten. Denn selbst scheinbar nebensächliche, unwichtige, störende oder peinliche Kleinigkeiten können ein Stück Wahrheit offenbaren oder dazu dienen, dass Unwahrheit durchschaut wird. Auch im eigenen Denken, Reden und Handeln soll der Mensch schonungslose Offenheit walten lassen. Der Mahatma selbst hat damit keine Probleme. Seit 1921 ist sein Leben ohnehin so öffentlich, dass gar nichts davon geheim bleiben kann. Über die Zeit davor legt er später umfangreiche Selbstzeugnisse ab und betont, dabei auch »hässliche Dinge« zu sagen, weil er »nichts verheimlichen und abschwächen« will. Beeindruckend ist vor allem, wie schonungslos er seine frühere Triebhaftigkeit und Brutalität gegenüber Kasturba offen legt.

Trotz aller Parallelen ist es nicht immer unproblematisch, das Prinzip der schonungslosen Offenheit auf die Kommunikation in einem Unternehmen zu übertragen. Auch Gandhi würde wohl von Managern nicht erwarten, dass sie in einem Seelen-Striptease ihren Kollegen und Mitarbeitern gegenüber das Innerste nach Außen kehren, denn das würde sie nur anfechtbar, mithin zu einem potenziellen Opfer von Gewalt wie Denunziation, Zynismus und anderen Mobbing-Strategien machen. Andererseits ist es aber nicht einzusehen, warum die Mitglieder der Führungsetagen aus ihrer Unternehmensstrategie so oft ein Geheimnis machen. Das nämlich beschleunigt häufig nur den Untergang. Da gab es zum

Beispiel einen Verlag für Autozeitschriften, dessen Geschäftsführer den Mitarbeitern den drohenden Konkurs verheimlichte und dafür das Gerücht streute, dass die Firma – für eine mehrfache Millionensumme selbstverständlich – bald von einem Großunternehmen aufgekauft werden würde. In der Folge brach das Betriebsklima zusammen. Die einen Angestellten vergaßen vor lauter Liebkindmachen bei ihren Chefs sämtliche Skrupel und Anstandsregeln, in der unberechtigten Hoffung, vom neuen Besitzer übernommen zu werden. Die anderen mutierten zu Piraten, die hemmungslos Fotoausrüstungen, Disketten und andere Nützlichkeiten aus den Verlagsräumen entwendeten, weil sie davon ausgingen, nach dem Abwickeln des Deals keine Zukunft mehr zu haben. Eine nicht minder große Gruppe zerfiel in eine Art »Duldungsstarre«, voller Angst und unfähig, noch irgendetwas Konstruktives in Angriff zu nehmen. Als das Unternehmen schließlich Pleite ging, hinterließ es nicht nur ein paar Dutzend Arbeitslose, sondern auch »moralische Wracks«, die wohl nie wieder Vertrauen zu irgendeinem Chef oder irgendeiner Firma haben werden.

Da ist es schon besser, mit offenen Karten zu spielen. Hätte der Verlagsgeschäftsführer seinen Angestellten die Wahrheit über den drohenden Konkurs gesagt, wären die Spekulationen über einen Verkauf und die Zeit danach sicher nicht derart ins Kraut geschossen. So aber fühlten sich die Mitarbeiter vom Management im Stich gelassen, weshalb jeder fortan nur noch an sich selbst und nicht mehr an die Zukunft des Unternehmens dachte. Damit wurde auch die letzte Chance vertan, die Firma wie die Arbeitsplätze vielleicht doch noch zu retten. Durch Heimlichkeiten und mangelnde Offenheit werden Mauern zwischen Angestellten und Führungskräften errichtet, die den Erfolg eines Unternehmens gefährden, weil alle das gemeinsame Ziel aus den Augen verlieren. Nur durch Ehrlichkeit und kompromisslose Aufrichtigkeit motivieren Sie Ihre Mitarbeiter auch in schwierigen Zeiten dazu, ganz auf der Seite des Unternehmens zu stehen und notfalls bis zuletzt für dessen Erhalt zu kämpfen. Denn wer von den Mitarbeitern zu Recht Loyalität verlangt, muss sich auch ihnen gegenüber als loyal erweisen. So sprechen viele pragmatische Gründe dafür, dass Führungskräfte ihre Planungen, Ergebnisse und Erfolge mit den Angestellten teilen. Weil das ein Gefühl für Partnerschaft entstehen lässt – und Partner sind bereit, Anstrengungen zu unternehmen, neue Ideen zu entwerfen und das Gesamtinteresse über das Einzelinteresse zu stellen. Das alles trägt letzten Endes dazu bei, die Leistungskraft des Unternehmens zu stärken.

Gelübde: Immer noch zeitgemäß

Gandhi legt immer wieder Gelübde ab, um sich selbst die notwendige Disziplin zur Einhaltung seiner Pflichten zu verschaffen. Er bewegt sich damit natürlich ausdrücklich auf religiösem Terrain, wo es seit jeher üblich ist, sich durch »einmal und für immer getroffene Entscheidungen« zu binden. Aus heutiger Sicht, wo Begriffe wie Mobilität, Flexibilität und Dynamik für die Beweglichkeit im Privat- und Geschäftsleben stehen, wirken Gelübde zunächst überholt. Auch Sie werden diese wahrscheinlich auf den ersten Blick für vergessene Selbstverknechtungstechniken aus der Kloster- und Ritterzeit halten, die allenfalls noch für den Historienfilm im Fernsehen taugen, nicht aber für die Bewältigung des Alltags. Wie so häufig bei Gandhi erweisen sich aber auch die Gelübde auf den zweiten Blick als durchaus gegenwartstauglich.

Gelübde haben an Aktualität nichts eingebüßt. Wer sich trotzdem an dem Begriff stört, kann laut Gandhi getrost ein anderes Wort dafür wählen, vielleicht inneres Versprechen oder geheimer Vorsatz. Wichtig ist allein, das Gelübde als ein Zeichen von Stärke und Entschlossenheit zu sehen:

»Es ist kein Zeichen von Schwachheit, ein Gelübde abzulegen, sondern von Stärke. Ein Gelübde abzulegen heißt, was notwendig ist, auch um jeden Preis auszuführen. Es wird ein Bollwerk der Stärke. Es ist gleichgültig, ob eine solche Entschlossenheit nun ›Gelübde‹ heißt, oder einen anderen Namen bekommt. Wer sagt, er wolle etwas ›so weit wie möglich‹ tun, zeigt entweder seinen Stolz oder seine Schwäche, auch wenn er selbst glaubt, er spricht aus Bescheidenheit. Ich habe an mir selbst gemerkt, dass die Einschränkung ›so weit wie möglich‹ nur als fatales Hintertürchen dient. Wer etwas ›so weit wie möglich‹ tun will, erliegt dem erstbesten Hindernis.«

Wie zutreffend Gandhis Sichtweise ist, zeigt sich, wenn wir uns vergegenwärtigen, was wir bislang tatsächlich von Menschen bekommen haben, die uns »so weit wie möglich« etwas Gutes tun wollen. Wenn wir ehrlich sind, stellen sich Sprüche wie »Wir werden unser Bestes geben«, »Wir werden unser Möglichstes tun« oder »Wir werden alles in unserer Macht Stehende unternehmen« am Ende meistens als leere Luftblasen heraus. Und das nicht nur, wenn sie von anderen kommen, sondern auch von uns selbst. Echte Entschlossenheit akzeptiert eine solche »So-weit-wie-möglich«-Sprache nicht, weil in ihr nicht einmal Platz für den leisesten Zweifel sein darf. Oder haben Sie Oliver Kahn jemals davon reden hören, dass er »sein Möglichstes tun will«, um seinen Kasten sauber zu halten?

Was Gandhi und Oliver Kahn gemeinsam haben

Wir wissen natürlich nicht, ob sich der deutsche Nationaltorhüter ein Gelübde auferlegt hat, sein Tor für alle Zeiten für den Gegner zu verriegeln. Aber wenn Sie sich die Bilder von der Fußball-Weltmeisterschaft 2002 anschauen, könnte Ihnen schon die Vermutung kommen, dass er so etwas wie ein inneres Versprechen abgegeben hat. Außerdem geht es ja, wie gesagt, nicht um den Begriff des Gelübdes, sondern um ein Manifest der Entschlossenheit. Oder, wie Gandhi es ausdrückt, um einen Leuchtturm im Sturm der Anfechtungen und Schwächen: »Ein Gelübde hat dieselbe Funktion wie ein Leuchtturm. Wenn wir unsere Augen darauf gerichtet haben, werden wir sicher durch jeden Sturm kommen. Der Leuchtturm selbst kann den Sturm nicht mildern, doch er führt die Seeleute im Sturm und hilft ihnen, den Sturm zu überstehen. Ebenso ist ein Gelübde wie eine große Kraft, die den Menschen vor den zahllosen Wogen rettet, die im menschlichen Herzen wüten.«

Es ist natürlich klar, dass Gandhi andere Ziele hat als Oliver Kahn und an anderen Stellen seine Leuchttürme der Entschlossenheit platziert. So hat der Mahatma vor allem zwei Dinge im Auge, nämlich Wahrhaftigkeit und Gewaltlosigkeit. Gerade Letztere wird man bei einem erfolgreichen Fußballer eher selten finden, ganz zu schweigen davon, dass Oliver Kahn in einem *Spiegel*-Interview selbst zugegeben hat, nicht zum Vorbild geboren zu sein. Dennoch haben der Verfechter der Gewaltlosigkeit und der Nationaltorhüter etwas Entscheidendes gemeinsam: den kompromisslosen Willen, ein einmal gefasstes Ziel niemals aus den Augen zu verlieren und es gegen alle Widerstände bis ans Ende zu verfolgen.

Neben Vegetarismus und sexueller Enthaltsamkeit gelobt Gandhi, nur noch handgefertigte Kleider zu tragen, wenig später legt er das Gelübde ab, täglich zu spinnen – wohlwissend, dass er damit wichtige Signale an das indische Volk sendet, die einheimische Textilherstellung zu unterstützen, anstatt die Kleider der britischen Textilindustrie zu kaufen. Gandhi wird übrigens sein Spinn-Gelübde niemals brechen. Er entwickelt vielmehr am Spinnrad ausgezeichnete Fähigkeiten, die ihn in die Lage versetzen, während des Spinnens Interviews zu geben oder Verhandlungen zu führen. Er betont auch, dass er sich am Spinnrad wirklich »bei sich« fühlt und tief entspannt – was wir als deutlichen Hinweis darauf nehmen sollten, dass Gelübde im Sinne des Mahatma nichts mit krampfhafter und aggressiver Entschlossenheit zu tun haben, sondern in uns eine tiefe Ruhe und Gelassenheit aufbauen.

Gerade Kleinigkeiten erfordern Aufmerksamkeit

Um ein Abschweifen von unserem Weg zu verhindern, müssen wir auf gedankliche Höhenflüge verzichten und stattdessen damit beginnen, alle alltäglichen Aktivitäten, und seien es auch nur unsere Kontakte zu Kollegen, Konkurrenten, Geschäftspartnern, Freunden und Familienmitgliedern, einer ständigen Prüfung zu unterziehen. Denn nur wenn wir in den so genannten Kleinigkeiten aufmerksam und selbstkritisch bleiben, entwickeln wir die Fähigkeit, auch in wichtigeren Fragen moralisch handeln und so zu einem erfolgreichen Satyagrahi und Manager werden zu können.

Spitzensportler wie Oliver Kahn kennen in ihrem beruflichen Alltag schließlich auch keine unwichtigen Details, sondern beurteilen jeden Aspekt ihres Trainings, ihrer Diät, ihrer Ausrüstung und ihrer erbrachten Leistungen, um an die Weltspitze zu gelangen. Genauso müssen wir uns auf dem Weg zu Wahrhaftigkeit und Erfolg verhalten. Dazu gehört auch eine Askese im täglichen Sprachumgang.

6. Die Kraft des leisen Tons – Das Gandhi-Prinzip der rhetorischen Askese

»Wie gut Schweigen doch tut! Ich habe es selbst erfahren. Die Freude, die aus dem Schweigen fließt, ist einzigartig. Wie gut wäre es, wenn jeder täglich eine Zeitlang schwiege!«

Mahatma Gandhi

Jan hat sich gut vorbereitet. Ihm ist zu Ohren gekommen, dass bei der nächsten Sitzung mit dem Geschäftsführer einige seiner Kollegen planen, die Versandabteilung ins Visier zu nehmen – und die untersteht Jan. Angeblich soll es bei ihm zu großen Verzögerungen gekommen sein, mit der Folge, dass sich verärgerte Kunden vom Unternehmen abwenden. Jan ist jedoch klar, dass die Kollegen nur von ihren eigenen Versäumnissen ablenken wollen. Er nämlich hat in zahllosen Überstunden Ordnung in die Unterlagen gebracht, sodass er schlüssig nachweisen kann, dass im Versand alles korrekt verlaufen ist.

Aber es kommt ganz anders. Als Jan beginnt, aus seinen Unterlagen vorzutragen, fährt ihm der Chef der Reklamationsabteilung in die Parade: »Ich glaube, Jan, dass es nicht nötig sein wird, uns mit Zitaten aus Ihren Unterlagen zu beglücken. Wir sind alle lang genug im Geschäft, um den Wert von Aktenordnern und ihren Inhalten beurteilen zu können.« Gelächter rundum. »Tatsache ist, dass von den Kunden zahlreiche Beschwerden eingegangen sind, weil sie ihre bestellten Sachen nicht bekommen haben. Und das müssen wir wohl ernst nehmen. Oder wollen wir die Ursachen für die Verzögerungen bei der Post suchen?« Jan spürt, wie die Konferenzteilnehmer dem Chef der Reklamation insgeheim zunicken, auch wenn sie zu cool sind, dies offen zu zeigen. Er entgegnet, es sei ja durchaus möglich, dass die Sachen bei den Kunden eintreffen, aber dort in irgendeiner Weise verloren gehen. Worauf der Geschäftsführer kontert: »Das mag sein, doch wir sind nicht hier, um über die Situation in anderen Betrieben zu reden, sondern über das, was bei uns schief läuft. Und das scheint offenbar eine ganze Menge zu sein.« Das war's. Jan ist lange genug im Geschäft, um zu wissen, dass er kaum noch eine große Zukunft in dieser Firma haben wird.

Wer heute im Beruf bestehen will, so glaubt man, muss ein eloquenter Redner sein. Er muss gewaschen sein mit allen Tricks der Rhetorik, egal, ob diese Tricks fair sind oder nicht. Denn damit kann man sogar, wie im Fall von Jan, Fakten zu lästigen Trivialitäten und Unschuldige zu wehrlosen Kündigungskandidaten mutieren lassen. Allein deshalb werden überall Rhetorikkurse angeboten, und die Ratgeber für gekonntes Argumentieren und eloquentes Überzeugen gehen in den Buchhandlungen weg wie warme Semmeln. Dieser Glaube an die Allmacht des Wortes ist freilich nicht neu. Die ersten großen Meisterrhetoriker gab es im antiken Griechenland. Sie hießen Antiphon, Gorgias, Hippias, Isokrates und Protagoras. Sie waren imstande, jeden Schwachsinn als Spitzfindigkeit und umgekehrt jeden integren Menschen als Verbrecher darzustellen. Antiphon schrieb einmal für ein und denselben Prozess sage und schreibe vier Reden: eine für und eine gegen die Anklage, eine für und eine gegen die Verteidigung – und alle vier Reden ließ er sich fürstlich entlohnen. Faszinierend, gewiss. Doch die Sophisten, wie die Meister des Faches damals genannt wurden, verkörperten den Verfall der Moral, weil ihre Überzeugungen und Meinungen käuflich waren, und über das Wohl und Wehe einer Sache nicht etwa deren Wahrheit, sondern die Geldbeutel der Auftraggeber entschieden.

Es war ausgerechnet ein hässlicher Steinmetz mit abgewetzter Tunika, der den schillernden Rhetorikern den Wind aus den Segeln nahm und dafür sorgte, dass sie heute nicht mehr sind als eine Fußnote der Weltgeschichte. Der Mann hieß Sokrates, und er steht auch heute noch für Begriffe wie Tugend und Wahrheit sowie für den Kampf gegen Lug und Betrug. Es sollte über 2 000 Jahre dauern, bis wieder ein Mann ähnlichen Kalibers gegen die inhaltsleeren Verführungskünste der Rhetorik antrat. Er trug ähnlich sparsame Kleider wie der Steinmetz aus Athen. Sein Name: Mahatma Gandhi.

Kein großer Redner

Seine erste Begegnung mit abendländischer Rhetorik macht Gandhi auf dem Schiff, das ihn für sein Studium von Indien nach England bringt. Dort trifft er britische Juristen, die ihm dringend raten, seine Schüchternheit abzulegen und zur Fraktion der Schwatzhaften überzutreten. Denn sonst, so warnt man ihn, habe er keine Chance: Nur wer »mit den Worten jonglieren« könne, sei ein probater Jurist. Am Anfang nimmt Gandhi sich diesen Rat noch zu Herzen, doch schon bald muss er akzeptieren, dass aus ihm wohl kein großer Rhetoriker werden wird. Es gelingt ihm noch nicht einmal, eine Rede auf einem unverbindlichen Vegetariertreffen zu halten. Seine Stimme versagt, ihm wird schwindelig, sodass ein anderer sein Skript vorlesen muss.

In Südafrika, als er sich für die Rechte der unterdrückten Kontraktarbeiter einsetzt, sind Gandhis Hemmungen plötzlich wie weggeflogen. Er spürt, dass er den Menschen etwas zu sagen hat, und dieses Gefühl nimmt ihm die Angst. Aber auch jetzt ist es nicht seine Eloquenz, sondern vielmehr seine Ausstrahlung, die Gandhis Zuhörer beeindruckt. Ein Beobachter schreibt: »Seine ganze Kraft liegt in seiner Überzeugung und seiner Bescheidenheit. Dies und die Logik seiner Ausführungen bannen den Zuhörer, und es gibt nur wenige, deren Sympathien er nicht gewönne.«

Die Menschen nehmen wahr, dass Gandhi nicht den eigenen Vorteil im Auge hat. Da steht jemand, der ihnen helfen will, und dieser Mitmensch ist trotz seiner Aufrichtigkeit mit vollem Verstand bei der Sache, weshalb man ihm zutraut, dass er tatsächlich etwas bewirkt. Professionelle Politiker sind immer wieder erstaunt, wie es der schmächtige und eher wortkarge Mahatma schafft, die Menschen in seinen Bann zu ziehen. Obwohl er nur leise spricht, seine Reden nicht sonderlich strukturiert und auch sonst gegen die Regeln der Rhetorik verstößt. Man muss eben doch kein großer Redner sein, um Menschen faszinieren und von sich einnehmen zu können.

Die Kraft der Stille

Gandhi versteht es, aus seinem anfänglichen Problem mit der Schüchternheit eine seiner großen Stärken zu machen. Er begründet seine eigene »Rhetorik«: die Redekunst der Askese. Für Gandhi steht fest, dass ein Mensch, der für die Wahrheit lebt, nicht viel reden darf. Denn das allein betrachtet er schon als logischen Widerspruch, da es zwar unendlich viele Lügen, aber nur eine Wahrheit gibt, über die man reden kann. Daher empfiehlt er rhetorische Enthaltsamkeit: »Jeden Augenblick meines Lebens erfahre ich, dass Schweigen die beste Sprache ist. Wer wirklich sprechen muss, soll so wenig wie möglich sprechen. Vermeide zwei Worte, wenn eines reicht.«

In der ihm eigenen Konsequenz führt Gandhi Schweigetage ein. Auslöser dafür ist ein Besuch bei den Mönchen eines südafrikanischen Trappistenklosters. Die Art und Weise, wie man dort den Botschaften durch Schweigen mehr Nachhaltigkeit verschafft, fasziniert ihn so sehr, dass Gandhi die ersten Tage einer jeden Woche, also die Montage, zu seinen Schweigetagen erklärt. Er hat auch dieses Gelübde stets eingehalten und nur im äußersten Notfall ein paar Worte auf Papier gekritzelt, um sich verständlich zu machen.

Ob ein fester Schweigetag in unserer Zeit zu verwirklichen ist, darf bezweifelt werden. Ein Manager wird seine Geschäftspartner kaum von einer Terminverschiebung überzeugen können, weil er an dem vorgeschlagenen Tag sein Schweigegelübde nicht brechen darf. Nichtsdestoweniger können auch uns gelegentliche Unterbrechungen im Geschwätz des Alltags nicht schaden. Wie wäre es mit einer rhetorischen Fastenkur während des Urlaubs? Wir scheuen uns doch auch nicht vor harten Diäten, nur um ein paar Kilogramm leichter zu werden, und sprechen oft davon, wie entschlackend diese auf Körper und Geist wirken. Wie reinigend wird dann erst eine »Worte-Diät« sein?

Wer sich solche gelegentlichen Schweigekuren nicht zumuten will, darf sich damit trösten, dass Gandhi nur für sich, nicht aber für seine Anhänger das Einhalten des Schweigegelübdes fordert. Weniger kompromissbereit ist er allerdings in anderen Aspekten der rhetorischen Askese, zum Beispiel beim Vermeiden von Spitzfindigkeiten und Haarspaltereien. Gandhi fordert von seinen Gesprächspartnern klare und eindeutige Formulierungen, die den Kern der Sache treffen. Einmal zerpflückt er einem seiner Anhänger einen Satz, weil so viele Widersprüche darin sind. Als der Kritisierte entgegnet, dass er es so ja gar nicht gemeint habe, fragt ihn Gandhi: »Warum sagt du es dann?« – und erklärt das Gespräch für beendet.

Wahrheit muss nicht weh tun

Bei aller Wahrheitsliebe teilt Gandhi keineswegs die weit verbreitete Ansicht, wonach Wahrheit weh tun muss. Die Wahrheit als Waffe kommt für ihn nicht infrage, denn das widerspräche seinem Credo der Nichtgewalt. Darin unterschiedet er sich von vielen Politikern und Managern, die nur deswegen das offene Wort auf ihre Fahnen heften, weil sie damit verletzen wollen. Diesen Rhetorikern geht es bei ihren skrupellosen Wahrheiten nur um den persönlichen Vorteil, nicht aber um die Wahrheit.

Gandhis Sprache hingegen ist klar, durchsichtig, anpackend und vorwärtsdrängend, genau wie seine Philosophie. Sie ist aber immer voller Wärme. Skrupellose Äußerungen kommen darin nicht vor, denn, so Gandhi, »ein verletzendes Wort kann genauso schädlich sein wie eine brutale Tat«. Man wartet bei Gandhi vergeblich auf überspitzte Formulierungen, rhetorische Tricks und zynische Attacken, wie sie sonst in Führungsetagen üblich sind.

Leitlinien für eine Rhetorik der Nichtgewalt

Keine verletzenden Pseudo-Wahrheiten! Oft geben wir unbewiesene Aussagen als »unangenehme Wahrheiten« aus, um sie als rhetorische Waffe zu missbrauchen. Überprüfen Sie vor dem Unterbreiten einer solchen Aussage, ob sie wirklich wahr ist oder ob sie dem anderen nur weh tun soll. In letzterem Falle handelt es sich um nichts anderes als rhetorische Gewalt.

Keine Ja-aber-Taktik! Hierbei geben wir unserem Gesprächspartner zuerst das Gefühl, seine Ansicht zu bestätigen, um ihn dann mit einer 180-Grad-Wende auszukontern. Beispiele: »Ja, da haben Sie sicherlich Recht, aber ich denke ...« Oder: »Ich verstehe Ihre Einstellung, glaube jedoch ...« Versuchen Sie, Ihre Rhetorik möglichst frei von diesen Ja-aber-Fallen zu gestalten!

Keine Killerphrasen! Solche Phrasen haben den Sinn, die Argumentation des Gegenübers abzuwürgen und sind ein Zeichen von Gewalt. In der obigen Auseinandersetzung zwischen Jan und dem Leiter der Beschwerdeabteilung ist »Wir sind alle lang genug im Geschäft, um den Wert von Aktenordnern und ihren Inhalten beurteilen zu können ...« eine typische Killerphrase. Andere sind: »Das geht sowieso nicht!« »Das haben wir noch nie so gemacht!« »Dazu fehlt uns die Zeit!« »Sind Sie überhaupt kompetent?« »Das ist doch längst überholt!« Versuchen Sie, ohne diese und ähnliche Killersprüche auszukommen!

Überzeugen statt übertölpeln! Nur wenn Sie Ihr Gegenüber wahrhaft überzeugen, wird er auf Ihrer Seite stehen, nicht aber, wenn Sie ihn mit Scheinargumenten hinters Licht führen. Gandhi hat sich zur Regel gemacht, seine Mitmenschen nur von Dingen überzeugen zu wollen, von denen er sich zuvor selbst überzeugt hat. Das klingt einfach, erfordert jedoch viel Disziplin, weil man sich mit den Dingen intensiv auseinander setzen muss.

Weniger ist mehr! Kurt Tucholsky sagt einmal: »Wat jestrichen is, kann auch nich durchfallen.« Und in der Tat: Je weniger man redet, desto weniger Fehler kann man machen. Im Übrigen ist die zunehmende Anzahl der Worte ein sicheres Indiz dafür, dass die eigentliche Argumentation auf schwachen Füßen steht und mithilfe rhetorischer Gewalt aufgeblasen werden muss. Gandhi scheut sich nicht, Gespräche und Verhandlungen einfach zu beenden, wenn es offensichtlich nichts zu sagen gibt.

Die Sprache der Bilder

Gandhi spricht meistens in kurzen Sätzen, ohne schmückende Adjektive und pathetische Superlative. Aber langweilig wird er nie. Das liegt nicht nur an seiner Authentizität, sondern auch an seiner anschaulichen Bildersprache. Man denke nur an die »Leuchttürme der Entschlossenheit«, mit denen er die Gelübde umschreibt. Oder an die Raucher, die sich von Gandhi vorwerfen lassen müssen, dass »sie aus ihrem Mund einen Schornstein machen«. Dem englischen Vizekönig schreibt er: »Wenn die Ausbeutung Indiens nicht aufhört, dann verblutet Indien immer schneller.« Er hätte auch sagen können: »Wenn die Ausbeutung Indiens nicht aufhört, wird Indien wirtschaftlich und menschlich zugrunde gerichtet.« Dieser Satz jedoch hätte viel weniger Ausdruckskraft gehabt.

Die Gipfel der Bildersprache erreicht Gandhi, wenn

er von den Vorzügen spricht, die das Leben eines Satyagrahi, eines Kämpfers für die Wahrheit, besitzt:

»Wie das Meer das Wasser sämtlicher Flüsse aufnimmt, es reinigt und wieder zurückgibt, ebenso wirst du, wenn du dich wie das Meer machst, alle Menschen annehmen können. Wie das Meer nicht zwischen guten und schlechten Flüssen unterscheidet, sondern sie alle reinigt, ebenso kann ein Mensch, dessen Herz durch Gewaltlosigkeit und Wahrheit gereinigt und geweitet ist, alles in seinem Herzen aufnehmen, ohne überzufließen oder seine Heiterkeit zu verlieren.«

Bleibt freilich festzuhalten, dass man die Kunst der bildhaften Sprache nur beherrscht, wenn man die Kunst des bildhaften Denkens versteht. Auf diesem Gebiet sind wir Abendländer, die wir schon früh in unserem Leben auf abstrakte Begriffe geeicht werden, in der Regel weniger begabt als die Menschen in Asien. Was aber nicht ausschließt, dass wir es lernen können. Sofern es uns gelingt, unsere Ängste und Vorbehalte aufzugeben.

7. Fasse Mut, überwinde dich selbst! – So besiegen wir unsere Angst

»Die meisten Ängste verschwinden von selbst, sobald man den Verräter im eigenen Inneren besiegt hat.«

Mahatma Gandhi

Schon in der Schule hat Bernd Probleme mit dem Vortragen von Referaten: Das Herz schlägt ihm bis zum Hals, die Hände sind nass, die Zunge klebt trocken am Gaumen, und die Atmung wird so hektisch, dass er mitunter einen Schluckauf kriegt. Bernd beginnt mit Autogenem Training, und es gelingt ihm, über die Atmung wenigstens in die Stimme ein wenig Ruhe hineinzubringen. Doch die Angst bleibt, sie verfolgt Bernd als Politologiestudent bis an die Universität. Schon mehrere Tage vor Referatsterminen versiegt sein Appetit, ihm wird übel, er kann nichts bei sich behalten. Am Ende ist es so schlimm, dass er schon nervös wird, wenn andere ein Referat halten.

Irgendwann fängt Bernd an zu überlegen, wovor er eigentlich Angst hat. Die klassische Furcht vor dem eigenen Versagen kann es nicht sein, denn warum sollte ihn dann das Referieren fremder Menschen belasten? Bernd beschließt zu beobachten, wann genau er kribbelig wird. Er entdeckt, dass die Unruhe immer dann kommt, wenn jemand oder auch er selbst einen Lernstoff nicht richtig verstanden hat und trotzdem – wahrscheinlich aus falsch verstandenem Stolz – Kompetenz vorgaukelt. Ganz deutlich wird ihm das bei dem Vortrag eines Kommilitonen, der über die japanische Wirtschaftspolitik referiert. Der hat, wie Bernd von ihm weiß, große Probleme mit dem Verständnis des japanischen Samuraiwesens. Aber anstatt dieses Thema einfach auszusparen oder nur locker zu streifen, was bei einem Vortrag zur Wirtschaftspolitik durchaus akzeptabel wäre, kniet sich der Kommilitone richtig in das Thema hinein. Die Konsequenz: Er wird immer unsicherer und verschwendet schließlich von 30 Minuten Gesamtzeit für sein Referat mehr als 15 Minuten auf die Samurai, von denen er keine Ahnung hat. Besser kann man sein eigenes Grab nicht schaufeln!

Bernd zieht daraus seine Lehren. Er beschließt, fortan nur noch über eine Sache zu referieren, wenn er sie durch und durch begreift. Wenn er ein Thema ansprechen muss, das er nicht richtig versteht, macht er auf jeden Fall deutlich, dass sein Vortrag jetzt einen spekulativen Charakter bekommt. Er vermeidet grundsätzlich, Kompetenz nur zu heucheln. Lieber lässt er sich an der richtigen Stelle für einen Laien als an der falschen Stelle für einen Experten halten. Seitdem läuft es für Bernd bei Referaten deutlich besser. Seine Strategie der ehrlichen Kompetenz hilft ihm sogar bei der Diplomprüfung. Einer seiner Prüfer bescheinigt ihm zwar diverse Wissens- und Verständnislücken, doch dafür hätte Bernd im Unterschied zu vielen anderen Kandidaten bei der Kommission nicht unterschwellig darum »gebettelt«, in den Lücken zu bohren, sondern sei souverän und trotzdem aufrichtig um sie »herumgeschifft«. Man gibt Bernd eine Zwei, und damit kann er wunderbar leben.

Kompetenz macht Mut

Bernds Bewältigungsstrategie der Angst hätte von Gandhi stammen können, denn auch er postuliert, dass Angst oft aus selbstverschuldeter Unsicherheit resultiert. Die wiederum hätte ihren Ursprung im Nicht-Wissen und darin, dass man nicht ernsthaft mit diesem Nicht-Wissen umgeht, sondern versucht, es durch Scheinkompetenz zu vertuschen. Ein Syndrom, das in der modernen Gesellschaft mit ihrem Drang nach schnellen Erfolgen zweifelsohne zugenommen hat und wohl für die zahlreichen Ängste unserer Zeit zumindest ein großes Stück Mitverantwortung trägt.

Gandhi hingegen legt großen Wert auf echte Kompetenz. Als er von Südafrika nach Indien zurückkehrt, verzichtet er darauf, in Ansprachen das Volk auf zukünftige Freiheitskämpfe vorzubereiten, obwohl er das aufgrund seiner Erfolge am Kap sicherlich machen dürfte und man es zum Teil sogar von ihm erwartet. Stattdessen fährt er mit dem Zug in der dritten Klasse durch sein Heimatland, um sich ein besseres Bild machen zu können. Als ihn ein Bauer auf die miserable Lage der Bauernschaft im indischen Champaran hinweist und um Hilfe bittet, lehnt Gandhi ab – um erst die Initiative zu ergreifen, nachdem er mit eigenen Augen gesehen hat, wie schlecht es den

Menschen geht. Ähnlich verhält er sich beim Streik der Textilarbeiter von Ahmadabad. Die Arbeiter fordern 50 Prozent mehr Lohn, weil sie noch immer die inflationären Folgen einer überstandenen Pestepidemie verkraften müssen. Gandhi untersucht penibel die dortigen wirtschaftlichen Verhältnisse, und kommt zu dem Schluss, dass eine Lohnerhöhung von 35 Prozent vertretbar sei. Die Arbeiter, und später auch die Fabrikanten, akzeptieren.

Im privaten Umfeld legt Gandhi gleichfalls größten Wert auf Kompetenz. Seine Mitarbeiter werden angewiesen, nur dann etwas zu sagen, wenn sie wirklich neue Erkenntnisse mitteilen können. Das Kolportieren von Halbwissen und Gerüchten lehnt der Mahatma kategorisch ab. Sie seien Zeichen von Feigheit und Bereitschaft zur Gewalt. So spricht jemand, der zutiefst spürt, dass Mut und Entschlossenheit ganz eng mit Wissen und Wahrhaftigkeit verbunden sind. Doch auch Gandhi musste sich erst mühsam zu seiner Furchtlosigkeit emporarbeiten.

Mich trifft es schon nicht!

Ängste gehören zu unserem Leben – gerade Gandhi hat das immer wieder am eigenen Leib erfahren. Er weiß jedoch, wo seine Ängste begründet sind und wo nicht. Genau das macht ihn letzten Endes stark. Die meisten von uns neigen jedoch dazu, unbegründete Ängste aufzubauschen und dafür die Sachen, vor denen wir wirklich Angst haben müssten, zu bagatellisieren. Die Psychologie spricht hier von einem »optimistischen Fehlschluss«. In einigen der folgenden Beispiele werden Sie sich vielleicht wiederfinden:

- Die Wahrscheinlichkeit, durch aktives und passives Rauchen an Krebs zu sterben, ist erheblich höher, als durch einen Super-GAU ums Leben zu kommen. Dennoch ist die Zahl der Raucher hoch, und es gibt Demonstrationen gegen Atomkraftwerke, nicht aber gegen die Zigarettenindustrie.
- Ein Geschäftsmann möchte mit einer Boeing 707 von Mailand nach München fliegen. Zwei Tage vor seinem Flug stürzt eine Boeing 707 ab, weil sie nicht richtig gewartet wurde. Der Mann beschließt, ausnahmsweise mit dem Auto zu fahren – obwohl er damit ein weitaus höheres Risiko eingeht, ums Leben zu kommen. Denn die Statistik zeigt, dass Autofahren um ein Vielfaches gefährlicher ist als Fliegen.
- In einer holländischen Studie fragte man Prostituierte, wie hoch sie ihr AIDS-Risiko einschätzen. Sie hielten sich tatsächlich für weniger AIDS-gefährdet als andere Frauen ihres Alters.

Kein Platz für Helden und Hasardeure

Gandhi hat immer wieder erleben müssen, wie lähmend Angst sein kann. So begreift er nach seiner Rückkehr aus Südafrika schon bald, dass der Freiheitskampf in Indien viel schwerer sein wird als am Kap. Weil Indien in einer bequemen Massenagonie gefangen ist, die es den Engländern leicht macht, ihren Einfluss durchzusetzen. Auch bei der Bekämpfung des Kastensystems wird Gandhi immer wieder torpediert, und zwar weniger von den oberen Kasten, die von der unsozialen Kastenteilung profitieren, als von der untersten Gruppe der Unberührbaren, die ihre Angst vor den Folgen der Freiheit einfach nicht ablegen können. Er beschwört sie immer wieder, ihre Furcht zu bekämpfen, denn »nur jenen, die sich fürchten, kann man Furcht einjagen«. Doch am Ende muss er akzeptieren, dass das Kastendenken im Leben der Inder wohl noch länger von Bedeutung sein wird als die Vormachtstellung der Briten.

Auch in Gandhis persönlichem Leben spielt Angst eine große Rolle, denn er ist zunächst alles andere als mutig. Schon als Kind läuft er wegen jeder Kleinigkeit zu seiner Mutter, in der Schule meidet er den Kontakt zu Gleichaltrigen und vor dem Sportunterricht drückt er sich, um sich nicht mit den Schulkameraden messen zu müssen. Später, als Anwalt, bleibt ihm zunächst eine Karriere versagt, weil es ihm nicht gelingt, öffentlich vor Gericht aufzutreten. Wenn es ihm finanziell schlecht geht, ergreift er nicht selbst die Initiative, sondern vertraut auf die Hilfe von Verwandten und Freunden.

In Südafrika jedoch bekommt Gandhis Leben eine neue Richtung. Er wird zum Inbegriff von Mut und Standfestigkeit, zu einer Galionsfigur des Freiheitskampfes. Als er nach Indien zurückkehrt, ist er, was seine Furcht angeht, kaum noch wiederzuerkennen. Ob Besitzverlust, Krankheit, Gefängnisstrafen, Folter oder heimtückische Attentate – nichts davon macht ihm mehr Angst. Wobei Gandhi keinesfalls als ein Hasardeur zu bezeichnen ist, der leichtfertig mit dem Tod kokettiert. Solche »Helden« sind ihm zutiefst suspekt. »Denn wer die Angst vor dem Tode besiegt«, so seine Warnung, »der überwindet damit nicht unbedingt die anderen Ängste – im Gegensatz zu dem, was man zu glauben neigt. Einige von uns haben zwar keine Angst vor dem Tod, fliehen aber die geringsten Unannehmlichkeiten des Lebens.«

Gandhis Mut besteht darin, dass er grundsätzlich keine Angst hat, etwas zu verlieren – unabhängig davon, ob dieses Etwas ein Gegenstand, ein Mensch oder das eigene Leben ist. Gandhis große Kunst besteht darin, dass er die Anhaftungen in seinem Leben auf ein Minimum reduziert – dass er ein Meister des Nicht-Anhaftens ist.

Kein Platz für trotzige Nihilisten

In seiner Philosophie des Nicht-Anhaftens zeigt sich Gandhi als ein Kind asiatischer Philosophie. Es ist besonders der Buddhismus, der diesen Aspekt betont. Buddha sagt: »Kein Ding ist es wert, dass man daran haftet.« In unseren Ohren klingt das eher nach trotziger Askese als nach einer Tugend, die einen Manager zieren könnte: ein Nihilismus, in dem weltliche Dinge generell als nichtig und wertlos diffamiert werden. Mit dieser Einschätzung verraten wir, wie tief wir noch im Anhaften befangen sind. Wir können in unserer abendländischen

Befangenheit nur schwer nachvollziehen, dass die Freiheit im Sinne Gandhis und Buddhas weniger im Sinne von negativer »Freiheit von etwas« verstanden wird, sondern im Sinne einer »Freiheit zu etwas«, die uns zutiefst positiv aufs Leben einstimmt.

Nicht umsonst haben so viele »Glückssucher« hierzulande große Probleme, den Buddhismus und andere asiatische Philosophien wirklich zu verstehen. Sie interpretieren dessen Aufforderung zum Nicht-Anhaften in erster Linie als Trotzreaktion und als Notwendigkeit, mit ihren traditionellen Werten, mit ihrer Familie, mit ihren Freunden, mit ihrem Beruf und überhaupt mit allem Weltlichen zu brechen. In der Folge fallen sie meistens in ein tiefes nihilistisches Loch, aus dem sie dann schnell wieder reumütig in die Welt zurückkehren. Oder aber sie bleiben in dem Loch, um von dort aus ihre Häme auf die Mitmenschen auszuschütten, die es im Unterschied zu ihnen angeblich nicht geschafft haben, sich von allem loszusagen. Tatsache ist jedoch: Jene »Lochsitzer« sind die eigentlich Befangenen, die das Anhaften nicht überwinden können. Denn um zum echten Nicht-Anhaften zu kommen – so sagt der Buddhismus, und so sagt es auch Gandhi –, müssen wir eine innere Freiheit erreichen, in der negative Gefühle wie Trotz und Zorn keinen Platz finden. Deshalb gilt es zunächst einmal, die Anhaftung vom Ich abzulegen.

Überwinde dein Ich!

Wie wichtig dem Mahatma die Überwindung des Ichs ist, zeigt folgender Satz:

»Um inmitten des Ozeans der Wahrheit zu schwimmen, muss man sich selbst auf Null zurückführen.«

Gandhi hat gute Gründe, den Untergang des Ichs zu fordern. Als typisches Kind Asiens geht er davon aus, dass unser Ich das Produkt eines groß angelegten Täuschungsmanövers namens »Maya« ist, bei dem uns vorgegaukelt wird, in der Welt gäbe es einzelne Menschen, Tiere, Pflanzen, Dinge und damit auch verschiedene Ichs.

Doch schon bei näherer Betrachtung erweist sich das Ich als trügerisch. Es offenbart sich als ein ständiger Wechsel von Empfindungen und Gedanken, wobei das Eine die Ursache des Nächsten und das wiederum die Ursache eines weiteren Nächsten ist, und so weiter. Da ist nichts, was über einen winzigen Augenblick hinaus gleich bliebe, kein beständiger Kern, an den man sich klammern darf. Von daher gibt es auch nichts, was man als »Ich« bezeichnen könnte. Dieses Ich ist in Wahrheit nicht mehr als ein Scheingebilde sich ständig wandelnder Prozesse.

Die Nicht-Existenz des Ichs, so lehrt es der Zen-Buddhismus, wird uns am besten in der Meditation bewusst. Denn hier folgt unsere Aufmerksamkeit ganz unserer Atmung. Atmen wir ein, gelangt die Luft in die innere Welt. Atmen wir aus, gelangt sie in die äußere Welt. Das glauben wir jedenfalls am Beginn unserer Atembetrachtung. Aber bald darauf, wenn wir uns wirklich gedankenfrei und ohne Ablenkung mit unserem Atem beschäftigt haben, entpuppen sich innere und äußere Welt als Chimären, die sich nur scheinbar voneinander abgrenzen. In Wirklichkeit gibt es nämlich nur eine Welt. Und damit ist auch der Untergang des Ichs besiegelt. Der Zen-Buddhist Shunryu Suzuki erklärt:

»Wenn ihr denkt: *Ich* atme, so ist das *Ich* etwas Hinzugefügtes. Es gibt kein Du, das *Ich* sagen könnte. Was wir *Ich* nennen, ist nichts als eine Schwingtür, die sich bewegt, wenn wir ein- und ausatmen. Sie bewegt sich – das ist alles. Wenn euer Geist rein und ruhig genug ist, dieser Bewegung zu folgen, ist da nichts: kein Ich, keine Welt, weder Geist noch Körper, nur eine Schwingtür.«

Dem Abendländer fällt es traditionell schwer, den Schwingtür-Untergang seines Ichs zu akzeptieren. Denn er ist gefangen in der Vorstellung, im Zentrum einer Welt zu stehen, die sich aus Wesenheiten zusammensetzt, die wiederum glauben, im Zentrum der Welt zu stehen. Der Haken an der Geschichte: Sie ist nicht nur falsch, sie bringt auch nichts als Ärger. Denn wenn jeder glaubt, die Welt dreht sich nur um ihn, muss er zwangsläufig denen ins Gehege kommen, die dasselbe von sich glauben. Man kann sich vorstellen, dass dieser Punkt gerade für Gandhi und seine Philosophie der Nichtgewalt von großer Wichtigkeit ist. Bedeutet er doch im Umkehrschluss, dass die Wahrheit obsiegt und zwischen den Menschen gewaltloser Frieden einkehrt, sofern es gelingt, den »Maya-Trugschluss« vom Ich hinter sich zu lassen.

Sei wachsam!

Wer seine Ich-Befangenheit überwinden will, der muss, so fordert es Gandhi, »ständig wachsam« sein und sich fortlaufender Selbstkorrektur unterziehen. Diese Forderung ist umso gerechtfertigter, wenn wir auf der Karriereleiter bereits ein gutes Stück vorangeschritten sind und Führungsaufgaben zu erfüllen haben. Weil wir damit nämlich gleichzeitig Macht und Privilegien gewinnen, die uns verführen, dem Ich mehr Bedeutung zu schenken, als ihm eigentlich zukommt. So kann man immer wieder beobachten, wie Führungskräfte ihre Position dazu benutzen, ihre persönliche Situation zu verbessern, anstatt dem Unternehmen und seinen Mitarbeitern zu dienen. In Extremfällen wird der Erhalt und Ausbau der Privilegien sogar zum Hauptziel eines Managers. Mit der Folge, dass die Leistung nachlässt (denn wer sich permanent um seine Machtstellung bemüht, kümmert sich weniger um seine eigentlichen Aufgaben), die Mitarbeiter schikaniert werden (weil sie potenzielle Mitbewerber um die Macht sind) und dadurch schließlich auch der Ertrag des Unternehmens sinkt (weil schikanierte Mitarbeiter wenig produktiv sind).

Besser ist es demnach nicht nur für die eigene Karriere, eine Beförderung nicht als Ausweitung der Machtansprüche zu interpretieren, sondern als Ausweitung der Funktionen. Überprüfen Sie also, ob die Privilegien, die Sie als Führungskraft erreicht haben, Ihnen dazu dienen, die zukünftigen Aufgaben effektiver zu bewältigen, oder ob Sie diese lediglich zum Einzementieren Ihres Machtmonopols nutzen. Sofern das Letztere der Fall ist, sollten Sie sich zum Vorteil aller in Bescheidenheit üben und darauf verzichten.

Solch ein Schritt kann mitunter lebenserhaltend für das Unternehmen sein, sowohl in der obersten Führungsetage als auch auf den unteren betrieblichen Ebenen. Die Sekretärin eines Kleinverlages drängte zum Beispiel ihren Chef dazu, zwei Azubis einzustellen. Angeblich, um die Arbeit rationeller organisieren zu können, und außerdem, so argumentierte die Frau, seien »Azubis doch wirklich billige Arbeitskräfte, die auch ein kleines Unternehmen verkraften könne«. Die Auszubildenden kamen in Gestalt zweier junger Frauen, doch es zeigte sich, dass für sie im Grunde keine Arbeit da war, und lernen konnten sie bei der Sekretärin auch nicht viel. Die Unzufriedenheit wuchs. Die eine von ihnen verließ den Betrieb, die andere fing an, gegen die Sekretärin zu mobben und mit dem Chef ins Bett zu gehen, woraufhin die Sekretärin entlassen wurde. Die wiederum war empört, sann auf Rache und steuerte mit ihrem Intimwissen über die Buchhaltung des Verlags das Finanzamt an. Was dann kam, kann man sich denken: Den Verlag gibt es heute nicht mehr.

Hätte die Sekretärin ihre Ansprüche zurückgeschraubt und auf den Zuwachs ihrer Macht verzichtet, hätte ihr Chef ethisch gehandelt und sich nicht von dem Argument »billige Arbeitkraft« ködern lassen, wäre möglicherweise alles anders und günstiger für das Unternehmen verlaufen. Ein Beispiel, das zeigt, wie ökonomisch sinnvoll es sein kann, rechtzeitig abzuwägen, ob man bestimmte Handlungen nur aus Eitelkeit, Ich-Sucht und individueller Profitgier unternimmt, oder aber, weil sie allen Beteiligten nutzen. Nur wenn Letzteres zutrifft, sollten sie in die Tat umgesetzt werden.

Mahatma und die anderen: Die Kunst der sanften Menschenführung

8. Der andere ist gut – Warum Wohlwollen mehr bringt als Misstrauen

> *»Der Grund für die meisten unserer Missverständnisse liegt im Misstrauen, und der Grund für dieses Misstrauen ist meistens Furcht.«*
>
> *Mahatma Gandhi*

Es soll der Philosoph Heraklit gewesen sein, der den Satz »Der Mensch ist schlecht« ins Orakel von Delphi einmeißeln ließ. Vielleicht hat diesen Satz auch der Seniorchef der Speditionsfirma im Kopf, wenn er tagtäglich den Hof seines Unternehmens betritt, das er vor gut einem Jahr seinem Sohn übergeben hat. Eigentlich nämlich könnte er längst mit seiner Frau in der Sonne liegen und den Ruhestand genießen. Aber irgendetwas hält ihn davon ab: Er traut seinem Sohn nicht wirklich und erst recht nicht seiner Schwiegertochter, der er sogar unterstellt, sie hätte zwar Interesse am Geld, nicht aber am Unternehmen der Familie. So spioniert der Senior Tag für Tag durch die Büros, schnüffelt in der Buchhaltung, kontrolliert die Auftragsbücher und horcht die Angestellten aus, die ihrerseits mit jedem Tag etwas mehr Vertrauen in den Juniorchef verlieren. Bald ist das Betriebsklima vergiftet. Niemand traut mehr dem anderen, kein Angestellter weiß, wer wirklich das Sagen in der Firma hat.

Sicherlich, dies ist die Geschichte eines alten Mannes, der seine Macht nicht abgeben kann und bei seinem Nachfolger nichts als Verrat, Betrug und Nachlässigkeit wittert. Doch sie entspricht genau der momentanen Verfassung unserer Gesellschaft, die durch und durch von Misstrauen zersetzt ist. Bei demokratischen Abstimmungen glänzen die Wähler immer mehr mit Abwesenheit, weil sie die Politiker durchweg für korrupt halten; auf Aufsichtsratsitzungen belauern sich die Teilnehmer gegenseitig wie Raubtiere; die Erben werfen sich schon vor dem Tod des Familienoberhaupts gegenseitig vor, nur nach dessen Vermögen zu schielen; Männer und Frauen bringen »ihr« Geld in Sicherheit, damit dem »Partner« nach der Scheidung nichts davon in den Rachen fällt; sogar die Lehrer scheuen sich nicht, ihre Schüler als »Sozialmüll« abzuqualifizieren, um dadurch zu verstehen zu geben, dass sie ihnen nichts Gutes zutrauen.

Misstrauen gilt als »chic«, während derjenige, der den Menschen vertraut, als dumm und leichtfertig betrachtet wird. So jemandem traut man in Politik und Wirtschaft gerade mal eine würdevolle Opferrolle zu. Denn wie sollte sich ein derart Leichtgläubiger in jenem »Haifischbecken« der Macht behaupten können? Gandhis Beispiel widerlegt diesen Irrglauben auf eindrucksvolle Weise. Der Mahatma zeigt, dass Vertrauen eine echte Stärke sein kann.

Warum Vertrauen besser ist als Kontrolle

Gandhi sieht sich immer wieder dem Vorwurf ausgesetzt, den Menschen zu viel Vertrauen entgegenzubringen. In Südafrika wirft man ihm vor, der Regierung gegenüber zu leichtgläubig zu sein, in Indien wirft man ihm dasselbe gegenüber den Briten vor. Die Hindus beklagen, dass er den Muslimen zu sehr vertraut, während diese wiederum Gandhi misstrauen, weil er ja ein Hindu ist. Gandhi zeigt sich davon unbeeindruckt. Für ihn bleibt das Vertrauen das wesentliche Fundament des Satyagraha, des gewaltlosen Kampfes um die Wahrheit. »Der Satyagrahi«, so erklärt er, »lässt sich lieber hundert Mal betrügen, als den Gegner zu verdächtigen.« Klingt unbelehrbar und naiv, ist es aber nicht. Denn bei näherem Hinsehen offenbart sich Gandhis tiefes Vertrauen als einzig produktive Strategie – und zwar nicht nur in Verhandlungen, sondern auch im normalen Alltag.

Vertrauen macht klug. Argwohn schützt vor Ausbeutung, Schaden und Enttäuschung und verpflichtet zu nichts. Das klingt gut, hat aber einen Nachteil: Man kann nicht ohne weiteres erkennen, ob man sich täuscht. Denn wer einem Menschen misstraut, bricht in der Regel den Kontakt zu ihm ab und wird daher nicht überprüfen können, ob sein Misstrauen gerechtfertigt war. Beim Vertrauen verhält es sich hingegen anders. Wenn ich einem Menschen vertraue, kann er mir beweisen, ob er mein Vertrauen verdient hat oder nicht. Ich lerne etwas über die Menschen: Vertrauen erweitert meinen Horizont.

Misstrauische Menschen kann man leichter täuschen! Dieser Satz wirkt auf den ersten Blick paradox, doch wenn man sich vor Augen hält, dass Misstrauen letzten Endes den Horizont einengt, wirkt er logisch. Zudem bestätigen kriminalistische Erhebungen, dass argwöhnische Menschen besonders leicht zum Opfer von Betrügern und Bauernfängern werden. Ihr Misstrauen reicht offenbar nicht weit genug, um sich vor ihrer eigenen Gier zu schützen, und so lassen sie sich hereinlegen, wenn man ihnen verspricht, etwas kostenlos oder ohne großen Einsatz zu bekommen. Sie sind eben nur misstrauisch, aber nicht umsichtig. Umsicht ist dagegen das Charaktermerkmal von Menschen, die ihrer Umwelt prinzipiell vertrauen.

Wer anderen vertraut, traut sich selbst! Vertrauen in andere ist das sicherste Zeichen von ausgeprägtem Vertrauen in sich selbst. Wer sich selbst etwas zutraut, gute Motive und Absichten eingeschlossen, traut auch anderen. Während derjenige, der kein Selbstvertrauen hat, bei den Mitmenschen geradezu zwanghaft nach niederen Motiven sucht. Oder um es in der Sprache der Psychoanalyse zu sagen: Er projiziert seine eigenen Schwächen auf andere. Tatsächlich stellten Wissenschaftler der Arizona State University in experimentellen Untersuchungen fest, dass eigenes vertrauensunwürdiges Verhalten (wie Lügen, Betrügen und Verschlagenheit) die misstrauische Haltung gegenüber den Mitmenschen verstärkt.

Vertrauen schafft Vertrauen! Gerade misstrauische Menschen erwarten, dass man ihnen Vertrauen entgegenbringt. Weil sie glauben, dass sie als die großen »Enttarner«, die das Schlechte im Menschen aufgedeckt haben, die Einzigen sind, die Vertrauen verdienen. Tatsache ist jedoch, dass gerade ihnen am wenigsten Vertrauen geschenkt wird. Weil ihre Mitmenschen spüren, dass Misstrauen gerade jenen Seelen entspringt, die selbst am wenigsten Vertrauen verdient haben.

Mit Vertrauen zeigt man seinen Mut! Gandhi betont stets den Zusammenhang von Vertrauen und Furchtlosigkeit: »Ein Satyagrahi verabschiedet sich von der Angst. Daher hat er keine Angst, dem Gegner zu vertrauen.« Wenn er zwanzig Mal betrogen wird, so vertraut er doch dem Gegner ein einundzwanzigstes Mal. »Weil das absolute Vertrauen zur menschlichen Natur der Kern seines Credos ist.« Doch dieses absolute Vertrauen können nur starke Menschen haben, also Menschen, die keine Angst verspüren. Und unsere Umwelt registriert diese Stärke. Ist Ihnen nicht auch schon einmal aufgefallen, dass man Ihnen viel mehr Respekt zollt, wenn Sie Ihrem Gegenüber vertrauensvoll begegnen? Falls Sie das noch nicht erlebt haben, sollten Sie es unbedingt einmal ausprobieren.

Vertrauen macht das Leben leichter. Der deutsche Soziologe Niklas Luhmann (1927–1998) sagte: »Die Bewältigung des Lebens besteht im Wesentlichen darin, dessen Komplexität zu reduzieren.« Eines der wichtigsten Instrumente dazu sei das Vertrauen, denn es ist uns praktisch unmöglich, alles zu überprüfen und zu kontrollieren. Leider gibt es gerade in Deutschland viele Führungskräfte, die das nicht so sehen und lieber kontrollieren, anstatt zu vertrauen. Sie versuchen, überall den Ein- und Durchblick zu bewahren, mischen sich fortwährend in die Angelegenheiten ihrer Mitarbeiter und überziehen ihre ganze Abteilung mit einem dichten Netz der Kontrolle. Die Folgen sind in der Regel verheerend. Die Führungskraft verliert nämlich schon bald an Leistungskraft, weil die ständige Kontrolle seine Kräfte und Ressourcen übersteigt. Die Mitarbeiter fühlen sich gegängelt und verlieren die Motivation. Das Schlimmste ist aber: Dadurch, dass man ihnen nicht vertraut, versuchen einige Mitarbeiter, sich mit unethischen Methoden das Vertrauen des Chefs zu erschleichen, etwa indem sie andere denunzieren. Spätestens dann ist der Betriebsfrieden dahin.

Vertrauen spart Zeit! Seien wir ehrlich: Gibt es etwas Schlimmeres als ein Meeting, in dem sich die Teilnehmer lauernd und voller Misstrauen gegenübersitzen? Solche Veranstaltungen ziehen sich oft unendlich in die Länge, weil beide Seiten versuchen, hinter die Fassaden der Gegenseite zu blicken, meistens ohne Erfolg. Demgegenüber laufen vertrauensvolle Sitzungen nicht nur friedlicher ab, sondern auch schneller – weil sich alle auf die Lösung der Sachfragen konzentrieren.

So kommt das Vertrauen zurück!

Es lohnt sich also, vertrauensbildende Maßnahmen zu ergreifen. Nicht nur aus ethischen Motiven, weil Vertrauen dem Geist der Nichtgewalt entspricht, sondern auch aus pragmatischen Motiven, weil es unsere Mitmenschen zur Mitarbeit und nicht zum Konkurrenzverhalten animiert. Gleichwohl ist das Misstrauen in unserer Gesellschaft, insbesondere im Berufsleben, weit verbreitet. Können wir es überhaupt noch schaffen, aus diesem Argwohn-Gefängnis auszubrechen, um wieder zu vertrauensvollen Menschen zu werden?

Gandhi beantwortet diese Frage mit einem klaren Ja. Weil prinzipiell jeder Mensch in der Lage ist, die Wahrheit in sich erblühen zu lassen und dadurch wieder zu seinem ursprünglichen Vertrauen zurückzufinden. Wobei Gandhi nicht daran gelegen ist, sämtliche Vorsicht aus dem Leben zu streichen. Er würde uns mit Sicherheit nicht davon abbringen wollen, unsere Kinder davor zu warnen, jedem fremden Menschen hinterherzulaufen, nur weil er irgendwie vertrauensvoll wirkt. Auch wäre er der Letzte, der uns überreden wollte, den Politikern alles zu glauben, was sie erzählen. Vertrauen heißt bei ihm nicht, den kritischen Verstand, sondern die negative Grundstimmung gegenüber den Mitmenschen aufzugeben. Das funktioniert natürlich nur, wenn wir die Grundlagen dazu schaffen. Die wichtigsten sind:

- das Vertrauen in die eigene Urteilskraft

- das Überwinden unserer Erwartungshaltungen
- die Fähigkeit zur Vergebung

Folge deinem eigenen Urteil!

Gandhi fordert: »Gründe deine Meinung nicht auf die Ansichten anderer! Unabhängig für sich selbst zu denken ist ein Zeichen von Furchtlosigkeit.« Mit diesen Sätzen erweist sich Gandhi als echter Freiheitskämpfer, dem daran gelegen ist, die Menschen nicht nur aus ihrem Joch zu befreien, sondern sie auch dazu zu bringen, ihre eigenen Urteile zu bilden, unabhängig von öffentlichen Meinungen und Trends. Ganz ähnlich verstand Immanuel Kant (1724–1804) die Aufklärung als »Befreiung des Menschen aus seiner selbst verschuldeten Unmündigkeit«. Wie schwierig das allerdings ist, bemerkt Gandhi vor allem in Indien, wo er feststellen muss, dass die uralte Kasteneinteilung mit den Unberührbaren als unterste, nahezu rechtlose Gruppe derart tief in den Köpfen verankert ist, dass sogar seine eigene Frau nicht ohne weiteres davon lassen kann.

Dabei ist die Unabhängigkeit im Urteilen und Denken gerade im Hinblick auf das Vertauen von allergrößter Bedeutung. Wenn Sie sich an Ihr letztes Misstrauenserlebnis erinnern, wird Ihnen wahrscheinlich auffallen, dass sich der Argwohn meistens aus fremden Quellen speist. Beispielsweise aus Gerüchten, wenn die männlichen Bürokollegen Sie auf das »männerverschlingende Geschoss« vom Büro gegenüber aufmerksam machen, oder wenn die weiblichen Kolleginnen Sie davor warnen, dass der neue Abteilungsleiter ein echter »Womanizer« ist. Es ist hier sicherlich der falsche Weg, »nur des lieben Friedens willen« Solidarität mit den Gerüchteköchen aus den Kollegenkreisen zu üben. Denn wenn Sie wirklich Frieden wollen, dann nicken Sie die Gerüchte teilnahmslos ab und bilden sich, sofern die Gelegenheit kommt, ein eigenes Urteil.

Überdenke deine Erwartungshaltungen!

Viele Dauer-Argwöhner begründen ihr Misstrauen damit, dass sie in ihrem Leben schon so viele negative Erfahrungen mit den Mitmenschen gemacht haben. Dieses Argument ist jedoch nicht stichhaltig. Natürlich tut es weh, wenn jemand unser Verrauen missbraucht. Dennoch besteht das eigentliche Problem darin, dass wir häufig zu viele Erwartungen und Hoffnungen in unsere Freunde oder Kollegen setzen, die diese gar nicht erfüllen können. Mit anderen Worten: Wir vertrauen ihnen, obwohl sie sich dieses Vertrauen noch gar nicht verdient haben. Da bleiben Enttäuschungen nicht aus.

Ein Beispiel: Sie setzen alle Karrierehoffnungen in Ihren unmittelbaren Vorgesetzten, der auf Sie den Eindruck macht, als könne er alles, was er will, auch bewegen. Sie hängen an seinen Lippen, machen für ihn Überstunden, halten ihm sogar die Fahrstuhltür auf und setzen sich in der Kantine an seinen Tisch. Nach einiger Zeit geht Ihnen auf, dass Sie trotz aller Bemühungen auf der Karriereleiter noch kein Stück weiter nach oben geklettert sind. Sie beginnen, Ihrem Vorgesetzten innerlich Vorwürfe zu machen, da er Ihre Dienste angenommen, sich aber nicht dafür revanchiert hat. Dabei ist der Mann unschuldig. Denn hätten Sie vorher genauer hingesehen, hätten Sie gemerkt, dass er gar nichts für Sie tun kann. Auf andere Abteilungen hat er überhaupt keinen Einfluss, und in seiner Abteilung gibt es keinen Posten zwischen ihm und Ihnen, was konkret bedeutet, dass jede Beförderung für Sie nur auf seinen Sessel führen kann – doch das wird Ihr Chef wohl erst zulassen, wenn er in Rente geht, und auch dann bleibt die Frage, ob die Firmenleitung nicht schon andere Vorstellungen bezüglich der Nachfolge hat. Sie haben also aufs falsche Pferd gesetzt. Sie haben Erwartungen in Ihren Vorgesetzten gesteckt, die er gar nicht erfüllen kann.

Fazit: Machen Sie nicht die Schlechtigkeit der Welt für Ihren Vertrauensverlust verantwortlich, der tatsächliche Schuldige liegt meistens in uns selbst, in unserer Vermessenheit (im wahrsten Sinne des Sich-Vermessens, des falschen Einschätzens), von den Menschen immer irgendetwas zu erwarten, anstatt sie so zu nehmen, wie sie sind.

Nicht zu eng!

Wenn Menschen eng in einer Gruppe zusammen sind, stärkt das einerseits das Vertrauen zwischen den Gruppenmitgliedern, andererseits schwächt es das Vertrauen gegenüber Menschen, die außerhalb der Gruppe stehen. Dieser Mechanismus ist wissenschaftlich mehrfach belegt, zum Beispiel die Untersuchungen des japanischen Soziologen Yamagishi, die zu dem Ergebnis führen, dass stärkeres Vertrauen in engen Gruppen (wie etwa der Familie) mit einem geringeren Vertrauen gegenüber der Gesellschaft verbunden ist. Gandhi hat diesen Mechanismus instinktiv gespürt. Nicht umsonst verweigert er sich der bürgerlichen Ansicht, wonach die Familie den Kern des gesellschaftlichen Lebens ausmachen soll. Er achtet darauf, dass seine Ashrams nicht zu verschworenen Gemeinschaften werden, die sich gegenüber der restlichen Welt abschotten. Bedingungslose Loyalität und Anhängerschaft lehnt er ab: »Niemand soll sagen, dass er ein Anhänger Gandhis ist.« Denn die Menschen sollen nicht nur Gandhi, sondern allen Menschen vertrauen können.

Übertragen auf das Wirtschaftsleben heißt das, dass Sie vorsichtig sein sollten, wenn Sie in einer Abteilung arbeiten, deren Mitarbeiter besonders eng miteinander verbunden und aufeinander eingeschworen sind. Die Wahrscheinlichkeit ist hoch, dass diese Abteilung sich misstrauisch vom Rest des Unternehmens abschottet. Und darunter leidet die Effizienz des Gesamtunternehmens ebenso wie Ihre Karriere. Wer will schon jemanden befördern, der aus einer Gruppe von misstrauischen Außenseitern stammt?

Vergebung macht stark

Vertrauen und Vergebung hängen eng zusammen, denn Vergebung heißt letztlich nichts anderes, als die Vorbehalte aufgrund einer vorhergegangen Verletzung aufzugeben und wieder zum alten Vertrauen in den Mitmenschen zurückzufinden. Laut Gandhi ist Vergebung genauso wie das Vertrauen ein Zeichen von Stärke: »Nur wer stark ist, kann vergeben. Wer schwach ist, der kann nicht bestrafen, sodass sich die Frage der Vergebung gar nicht erst stellt.« Und: »Vergebung ist bedeutungslos, wenn sie von einer hilflosen Kreatur ausgeht. Eine Maus vergibt gewiss nicht der Katze, bevor die Katze die Maus in Stücke reißt.« Wir müssen also nicht befürchten, an Stärke einzubüßen, wenn wir anderen verzeihen. Im Gegenteil: Wir beweisen unsere Stärke, wenn wir vergeben.

Trotzdem ist Vergebung für die meisten von uns ein schwieriges Geschäft, oft genug ziehen wir das Schmollen, das Gekränktsein und die Retourkutsche vor. Warum eigentlich? Weil wir unserem Gefühlsleben gewissermaßen kapitalistische Strukturen gegeben haben. Wir fühlen uns umso mehr gekränkt, je mehr wir in einen Menschen investiert zu haben glauben. Verlässt uns jemand, den wir gerade erst drei Monate kennen, können wir noch relativ leicht verzeihen. Wenn er uns jedoch nach zehn Jahren verlässt, in denen Kinder geboren wurden, für deren Erziehung wir möglicherweise sogar noch unsere eigene Berufsausbildung aufgegeben haben, sind wir zutiefst verletzt und nur selten zum Vergeben bereit. Dabei ist es, wie Gandhi betont, ein Fehler, die Schuld nur bei denen zu suchen, die uns »verraten« haben, denn sie liegt auch bei dem, der »verraten« wird. Warum aber fühlen wir uns verraten? Weil wir unsere Handlungen als Investitionen betrachten, für die wir etwas zurückbekommen wollen. Nach dem Motto: Ich habe für die Familie auf meine Berufsausbildung verzichtet, auf meine persönliche Selbstentfaltung, sozusagen meine ganze Karriere hingegeben, und dafür will ich nun meinen Lohn erhalten, auch wenn dieser nur aus Anerkennung besteht. Für Gandhi widerspricht dieses Denkmuster ganz entschieden dem Prinzip der Nichtgewalt, nach dem »wir für unsere Taten keine Früchte erwarten dürfen«. Denn wer in einen Menschen investiert, verknechtet ihn als Objekt seiner Investition und tut ihm damit Gewalt an.

Gandhi fordert daher von uns, unsere Handlungen nicht als Investitionen zu betrachten, sondern sie lediglich nach ihrem aktuellen Nutzen für die Mitmenschen zu bewerten. Dies erleichtert uns nicht nur das Vergeben, es sorgt auch dafür, dass sich unsere privaten oder geschäftlichen Partner weniger unter Druck gesetzt fühlen und dadurch seltener Dinge tun, die uns möglicherweise kränken.

Wie wichtig Vergebung ist, wie schädlich und sogar selbstzerstörerisch es sein kann, wenn man sie nicht übt, zeigt das folgende Beispiel einer Autorin, die von ihrem Mann verlassen wurde. Er ließ sie allein mit dem gemeinsamen Kind zurück, wurde allerdings vom Gericht zu relativ hohen Unterhaltszahlungen verurteilt. Dann schrieb die Frau ein Buch, das zum Bestseller wurde. Eigentlich ein freudiges Ereignis, zumal der Verlag gleich noch einmal nachlegen und einen stattlichen Vorschuss für eine Fortsetzung zahlen wollte. Die Frau lehnte jedoch ab, weil sie ihrem Mann, der natürlich von dem Bestseller Wind bekommen hatte, nicht erlauben wollte, sich vor den Unterhaltszahlungen zu drücken. Denn das könnte er ja versuchen, weil seine Frau mit ihren Bestsellern möglicherweise mehr verdient als er selbst. Doch nicht einmal die Überzeugungsversuche des cleveren Literaturagenten (»Du kannst doch deinen Exmann in deinen Romanen zig Mal die Klippen herunterstürzen lassen, gewissermaßen als literarischen Racheakt!«) fielen auf fruchtbaren Boden. Die Autorin verzichtete auf ihre Karriere als Bestsellerautorin, nur weil sie ihrem Mann schaden wollte. Unfähig zur Vergebung verzichtete sie darauf, ein selbstbestimmtes und finanziell unabhängiges Leben zu führen. Ein weiterer Beleg für Gandhis legendären Satz: »Auge um Auge lässt die Welt nur erblinden.« Und ein weiterer Beleg dafür, dass blindwütige Rache und mangelnder Wille zur Vergebung letztlich nur dem Rachsüchtigen schaden. So auch der Frau: Ihr früherer Ehemann beauftragte seinerseits eine Neufestsetzung des Unterhaltes und bekam Recht. Das Gericht reduzierte den Anspruch der Frau auf ein Minimum. Sie stand nun allein da und ohne Geld – und hatte ihre Chance als Bestsellerautorin vertan.

9. Wissen, was den anderen bewegt – Die personale Intelligenz

»Er machte an der Schwelle der Hütten dieser Tausendschaften von Besitzlosen Halt, gekleidet wie einer von ihnen. Er sprach zu ihnen in ihrer eigenen Sprache. Hier wurde Wahrhaftigkeit bis zum Äußersten gelebt und nicht nur aus Büchern zitiert. Aus diesem Grund ist Mahatma, die große Seele, der Name, den ihm die Inder verliehen. Wer sonst fühlte wie er, dass sie alle sein eigenes Fleisch und Blut sind?«

Rabindranath Tagore

Aufgrund seiner öffentlichen Arbeit ist Gandhi immer wieder gezwungen, seine Ashrams für einige Zeit zu verlassen. Gerade hat er wieder eine seiner Reisen angetreten, als ein alter Mann aus einem entlegenen Dorf zum Ashram kommt und die dort verbliebenen Männer und Frauen nach dem Mahatma fragt. Gandhi sei verreist, sagt man ihm. Wann er wiederkäme? Achselzucken. Der alte Man ist sichtlich betroffen: »Wenn er hier wäre, hätte er wenigstens für uns gesorgt. Denn wer sonst kann unsere Nöte nachempfinden?«

Mahatma Gandhi zählt zu den wenigen öffentlich aktiven Menschen, denen bis zu ihrem Tod der Ruf vorauseilt, ein echtes Mitgefühl für seine Mitmenschen zu haben und sich in ihre Befindlichkeiten hineinversetzen zu können. Er erkennt ihre versteckten und unausgesprochenen Bedürfnisse, weiß, wohin die Pfeile ihrer Sehnsüchte zielen. Das alles ohne Meinungsumfragen und Marktforschungsanalysen. Gandhi vertraut auf seine persönliche Beobachtung. Als er von Südafrika nach Indien zurückkehrt, kreuzt er ein Jahr lang von Bombay bis nach Burma, bevor er politisch aktiv wird. 1927 unternimmt er eine weitere zehnmonatige Reise, um sein Programm für die einheimische Spinnerei durchzusetzen. Selbst im hohen Alter bereist er noch ganz Indien, um gegen die Unberührbarkeit zu kämpfen. Ganz zu schweigen davon, dass er sich nicht zu schade ist, die entlegensten Dörfer aufzusuchen, sich dort unter ärmlichsten Bedingungen einzuquartieren oder unter freiem Himmel zu schlafen, damit er wirklich am Puls des Volkes ist. Wollten unsere Politiker wie Gandhi handeln, müsste sich zum Beispiel der Bundespräsident im Taubenschlag der Familie Juskoviak in Bottrop einquartieren, um am eigenen Leib zu erfahren, wie es ist, in dritter Generation als Sozialhilfeempfänger zu leben.

Aber es ist nicht nur Gandhis persönliche Kontaktaufnahme, die ihn zum Menschenkenner macht, sondern vor allem seine überdurchschnittliche Kraft zur Empathie. Beobachter berichten, dass es ihm immer wieder gelingt, sich auf seine Mitmenschen »einzuschwingen«. Und sie sind sich einig, dass diese Fähigkeit nicht einer einstudierten und oberflächlichen Geste entspringt, sondern tief aus seinem Inneren kommt.

Über das Mitgefühl hinaus

Psychologen verstehen unter Empathie die Fähigkeit, die Erfahrung eines Menschen zu verstehen und darauf angemessen zu reagieren. Empathie besteht aus mehr als nur aus Mitgefühl, weil sie nicht nur die Gefühle des anderen teilt, sondern sie auch begreifen will. Dazu muss man sich in den anderen hineinversetzen, »in seine Schuhe schlüpfen«. Erst dieser Schritt eröffnet uns ein Verständnis über das Mitgefühl hinaus.

In einer Gesellschaft wie der unsrigen, die durch Schlagworte wie Ich-AG, Selbstverwirklichung und Egomanie geprägt wird, ist echte Empathie selten. Dennoch gibt es unzählige Beispiele dafür, dass empathische Menschen nicht nur zu Zeiten Gandhis auf große Resonanz stießen, sondern auch heute damit rechnen dürfen. Sie kommen sowohl aus religiösen Kreisen, wo man »berufsbedingt« mit einer gewissen Mindestportion Empathie ausgestattet ist, als auch aus Politik und Wirtschaft. Wie etwa der ehemalige Präsident der USA, Bill Clinton. Seine Frau gilt als der Kopf, er selbst als das Herz der Familie, dem man auch schon mal den einen oder anderen Fehltritt nachsieht. (Was Gandhi natürlich niemals passiert wäre!) Clinton wird selbst von politischen Gegnern als empathischer »Charmer« beschrieben, der offen auf andere zugeht und ihre körperliche wie seelische Nähe sucht. Unvergessen sein »I can feel your pain«, als er mit den Opfern eines Bombenanschlags sprach und selbst hartgesottensten Journalisten ein Schauer über den Rücken lief.

Wie man Empathie auch ohne Worte bekundet, zeigt das Beispiel des Kniefalls von Willy Brandt aus dem Jahr 1970. Ort des Geschehens: eine Gedenkstätte in Warschau, wo Hitlers Schergen Hunderttausende polnischer Juden für den Abtransport in die Todeslager vorbereitet hatten. Fast dreißig Jahre später versammelte sich hier die politische Prominenz, um den Opfern zu gedenken. Wie immer bei derartigen Anlässen waren die Träger vorgetreten, um einen Kranz niederzulegen. Wie immer trat ein hoher Besucher hervor, zupfte ein wenig an der Schleife des vor ihm liegenden Gebindes und ging einen Schritt zurück. Dann passierte das Unvorstellbare. Der deutsche Bundeskanzler kniete auf dem regennassen Asphalt, senkte den Kopf und faltete die Hände. Zehn Sekunden, zwanzig Sekunden, eine halbe Minute, die nicht zu enden schien. Das Klicken der Fotoapparate steigerte sich zum nervösen Stakkato, bis sich Willy Brandt mit einem energischen Ruck endlich erhob und langsamen Schrittes zu seinen Begleitern zurückging.

Brandts Geste unterstützte mehr als alles andere die Rehabilitierung Deutschlands in der Welt. *Stern*-Chefredakteur Henri Nannen, der die Szene miterlebt hatte, sagte später in einem Interview: »Was da geschehen ist, ist eine ganz spontane Sache gewesen. Ich bin sicher, Brandt hat zwei Stunden vorher nicht gewusst, dass er das tun würde. Der hat sich nicht hingekniet. Es hat ihn hingekniet.«

Womit wir bei einem Kernaspekt der Empathie sind: Sie ist nicht geplant, sondern kommt von Herzen und gehorcht, wie Gandhi es ausdrückt, der »inneren Stimme«. Der amerikanische Pädagoge Howard Gardner hält diese Fähigkeit, aus einem spontanen Impuls heraus auf die Seelenbefindlichkeit der Mitmenschen eingehen zu können, für ein typisches Merkmal der »personalen Intelligenz«. Und er zählt Gandhi ausdrücklich zu jenen Menschen, die mit dieser Intelligenz in besonderem Maße ausgestattet sind. Gandhi wisse, so erklärt er, »was die Menschen antreibt, wie man mit ihnen zusammenarbeiten und wie man sie beeinflussen kann, wo dies erforderlich ist«. Die normale, kognitive Intelligenz sei dabei entbehrlich oder sogar kontraproduktiv: »Worauf es viel mehr ankommt, ist ein kluges Verständnis der eigenen Person – die Kenntnis der eigenen, manchmal wechselnden Ziele, der eigenen Stärken, Schwächen und Bedürfnisse.«

Empathie hat also, wie so viele hervorstechende Eigenschaften Gandhis, mit Selbsterkenntnis und vor allem mit Ehrlichkeit sich selbst gegenüber zu tun. Es ist kein Zufall, dass sich jemand wie Gandhi so exzellent auf Empathie versteht, der täglich, wie es sein Sekretär Pyarelal beschreibt, »Gericht über sich hält und sich selbst auffordert, über die nichtigste seiner Handlungen Rechenschaft abzulegen«.

In der Achtsamkeit schweben

Empathie ist also nicht planbar, und sie hat viel mit Selbsteinsicht zu tun. Was beinahe zwangsläufig zu der Frage führt, ob denn Empathie überhaupt gelernt werden kann. In jedem Fall ist das wohl, wie Wissenschaftler heute betonen, eher beschwerlich. »Bergsteigen oder seine Empathie vervollkommnen sind beides gleich schwere Aufgaben«, meint die Sozialpsychologin Sara Hodges. »Um in beiden einen Gipfel zu erreichen, brauchen wir ausreichend Haltegriffe und Wegmarkierungen.«

Eines dieser Hilfsmittel ist die »neutral schwebende Aufmerksamkeit«. Der Ausdruck stammt von Sigmund Freud und bezeichnet die Fähigkeit, sich aus dem Bewusstseinsstrom der Ichs auszuklinken, um ganz im beobachtenden Ich aufzugehen. Heutige Psychologen wählen statt Aufmerksamkeit lieber den Begriff »Achtsamkeit«, um die unvoreingenommene Beobachtung fremder und eigener psychischer Zustände zu bezeichnen. Sie wählte damit einen Begriff, der von Buddhisten ebenfalls gerne verwendet wird – um den Bewusstseinszustand in der Meditation zu beschreiben.

Nicht umsonst empfiehlt Gandhi die Meditation, um sich aus der Befangenheit des Ichs herauszulösen und im Weltganzen, in unseren Mitmenschen aufzugehen. Es wäre jedoch ein Fehler, in ihr den Königsweg zur Empathie zu sehen. Erstens widerspricht es dem Charakter der Meditation, wenn man sie zu einem bestimmten Zweck anwendet, denn in ihr geht es, wie buddhistische Meditationslehrer stets betonen, nicht darum, irgendwohin zu gelangen, sondern da zu sein, wo man gerade ist. Zweitens kann nur derjenige meditieren, der bereits vollzogen hat, was auch zur Empathie notwendig ist, nämlich die Zurücknahme des eigenen Ichs. Und dazu sind folgende Schritte notwendig:

- Tempo herausnehmen!
- Offene Fragen stellen!
- Entfalten lassen!
- Keine gönnerhafte Kumpanei!

Tempo rausnehmen!

Im modernen technischen Zeitalter ist viel Empathie durch den drastischen Anstieg des Lebenstempos verloren gegangen. Unser Alltag besteht daraus, dass wir möglichst viele Dinge in möglichst kurzer Zeit erledigen wollen. Das Einfühlungsvermögen bleibt dabei auf der Strecke, denn wer sich in den anderen hineinversetzen will, muss es ausschließlich tun und nicht nebenbei.

Instinktiv scheinen wir diese Tatsache mitunter noch zu spüren, beispielsweise, wenn wir mit einem Freund oder Kollegen beim Bier zusammensitzen, um etwas Persönliches zu besprechen, oder wenn wir ein schwieriges Mitarbeitergespräch in die Pause verlegen und es auf einem Spaziergang führen. Das sind Schritte in die richtige Richtung. Wichtig ist allerdings, dass wir sie konsequent weiterverfolgen. Also beim Spaziergang das Handy abschalten und am Tresen ganz auf den Gesprächspartner einstellen, ohne sich in die Wortwechsel der übrigen Gäste einzumischen.

Offene Fragen stellen!

Die Rhetorik unterscheidet offene und suggestive Fragen, also Fragen mit offenem Ausgang (»Wie funktioniert das?«, »Was haben Sie da gedacht?«) und Fragen, die bereits eine Antwort implizieren (»Da hast du doch ganz bestimmt die Initiative ergriffen, oder?«, »Was hast du gegen mich?«). Empathische Menschen stellen häufiger offene Fragen, während Menschen mit starkem Kontrolldrang vorwiegend suggestive Formulierungen verwenden. Gandhi war ein Meister der offenen Fragen. Er versuchte nie, den Menschen etwas in den Mund zu legen, gleichgültig, ob er mit ihnen sympathisierte oder nicht.

Die Kunst des offenen Fragens ist übrigens ein Grund dafür, dass Frauen keinesfalls, wie immer behauptet wird, die besseren Zuhörer sind oder sich besser auf Empathie verstehen als Männer. Untersuchungen belegen, dass vor allem Frauen dazu neigen, suggestive Fragen zu stellen wie »Liebst du mich?« oder »Hast Du was gegen Kinder?«.

Entfalten lassen!

Wenn jemand Ihnen eine Geschichte erzählt, sollten Sie ihn zur Entfaltung kommen lassen, ohne ihn zu unterbrechen oder ihm gute Ratschläge aufzudrängen. Dies bedeutet manchmal, dass Sie auch umständliche, sprachlich weniger begabte Erzähler ungehindert zu Wort kommen lassen müssen. Empathie braucht gutes Timing, der empathische Mensch spürt, »dass da noch etwas kommt«, und ein mit Empathie begabter Manager weiß, dass nicht jeder exzellente Ingenieur, Techniker, Computerspezialist oder Börsenfachmann zugleich ein präziser und guter Redner ist.

Keine gönnerhafte Kumpanei!

Eines der größten Hindernisse auf dem Weg zur Empathie besteht darin, dass man zu früh mit eigenen Erfahrungen in die Erzählung einbricht. Das gilt auch, wenn Sie als Chef um Rat gefragt werden. Kaum ein Angestellter, der zu Ihnen kommt, weil er etwas auf dem Herzen hat, hört gerne Sätze wie: »Das ist ja alles nicht so schlimm, das ist mir früher schon zig Mal passiert!« Oder: »Machen Sie sich nichts daraus, jeder hat einmal klein angefangen!« Hören Sie lieber zu, sonst wird Ihnen die Anteilnahme als Gönnerhaftigkeit ausgelegt, und Ihre Mitarbeiter verlieren das in Sie gesetzte Vertrauen. Jedes Individuum fühlt sich in seinen Problemen und Gefühlen einzigartig und will in dieser Einzigartigkeit auch respektiert werden. Wenn uns jemand versichert, dasselbe erlebt zu haben wie wir, fühlen wir uns verletzt. Nehmen Sie die Gefühle Ihrer Angestellten ernst und lassen Sie sie ausreden, auch wenn Ihnen das Ende der Geschichte aus eigener Erfahrung mehr als bekannt vorkommt. Dies gilt vor allem, wenn der Erzählende noch am Anfang seiner Geschichte steht.

Das Prinzip ist übrigens auch in anderen geschäftlichen Zusammenhängen Erfolg versprechend. In einer deutschen Studie an Autoverkäufern zeigte sich, dass diejenigen die meisten Autos verkaufen, die trotz aller Empathie darauf verzichten, sich mit ihren Kunden zu identifizieren und innerlich auf Distanz bleiben, während die Kollegen, die schon bald ein »Unter-uns-Beiden«-Verhältnis zwischen sich und dem Kunden herstellen, deutlich schlechtere Erlöse erzielen.

Das goldene Tor des Mitgefühls

Der Mediziner und Zen-Buddhist Akong Rinpoche hat für die Empathie eine spezielle Meditationseinheit entwickelt, das »goldene Tor des Mitgefühls«. Voraussetzung ist, dass man in seinen Übungen schon so weit fortgeschritten ist, dass man über die muskuläre Entspannung zu einer gewissen inneren Ruhe finden kann, dass man also in Entspannungstechniken wie Meditation und Autogenem Training das erste Anfängerstadium überschritten hat.

Stellen Sie sich nun vor, wie Sie am Meeresstrand sitzen, der wolkenlose Himmel über Ihnen zeigt ein tiefes Blau. Nehmen Sie sich die nötige Zeit, um sich in diese Stimmung hineinzuversetzen und sie zu genießen. Nach einer Weile sehen Sie ein goldenes Licht am Himmel, es kommt aus großer Entfernung allmählich näher. Sie entdecken, dass es sich um ein goldenes Tor handelt.

Achten Sie jetzt auf Ihren Atem, verfolgen Sie, wie er sich durch den ganzen Körper bewegt. Stellen Sie sich vor, wie alles Gute, alles Schlechte und alles Verwirrende Ihren Körper verlässt und als Rauchwolke zum goldenen Tor hinüberweht und dort hindurchschlüpft. Sobald die Wolke das Tor passiert, verwandelt sie sich in ein goldenes Licht, das dann wie ein goldener Regen sanft und auf Sie herabrieselt. Es besteht aus Liebe und vollkommenem Mitgefühl. Machen Sie sich klar, dass einfach alles, was aus Ihrem Inneren aufsteigt – jedes Gefühl, jede Erinnerung – sich auf diese Weise transformieren lässt. Senden Sie all Ihre Gefühle und Erinnerungen durch das Tor, und erlauben Sie ihnen, sich in goldenes Licht zu verwandeln.

10. Dienen statt Herrschen – Das Gandhi-Prinzip der ehrfürchtigen Führungskraft

»Vor der Erleuchtung Holzhacken und Wasser holen – nach der Erleuchtung Holzhacken und Wasser holen.«
Buddhistischer Tempelspruch

Bettina ist auf der Suche. Nicht auf Arbeitssuche, auch nicht auf Partnersuche, sondern auf der Suche nach sich selbst. Seit einigen Jahren beschäftigt sich die leitende Bankangestellte intensiv mit spirituellen Themen, vor allem die asiatischen Yogis und der Buddhismus haben es ihr angetan. Sie liest esoterische Bücher, besucht Reiki- und Meditationskurse, und wenn eine spirituelle Kapazität in ihrer Nähe ist, kann man davon ausgehen, dass Bettina den Kontakt mit ihr suchen wird.

Einmal gelingt es ihr tatsächlich, ein Gespräch mit einem hochrangigen Vertreter des tibetischen Buddhismus zu führen. Der Mann fragt sie, wie sie zum Buddhismus gekommen sei. Bettina antwortet, dass sie durch die Lehren Buddhas nach einer tiefen Krise privates Glück und beruflichen Erfolg gefunden hätte. Worauf der Geistliche fragt, warum sie so tief in die Krise geraten sei. Bettina erzählt: »Ich hatte immer das Gefühl, nicht bei mir selbst, sondern nur für andere da zu sein. Für meinen Chef und meine Kollegen, für meinen Mann und unseren Sohn, auch von meinen Eltern und Schwiegereltern fühlte ich mich unter Druck gesetzt. Seitdem ich mich mit spirituellen Dingen beschäftige, geht es mir besser. Ich habe das Gefühl, langsam zu mir selbst und zu innerer Ruhe zu finden.« Bettina hofft, mit diesen Ausführungen ein beifälliges Nicken des Geistlichen zu erheischen. Doch sie bekommt genau das Gegenteil. Der Mann freut sich zwar, dass sich Bettina gut fühlt, »doch die private Glückssuche ist es eigentlich nicht«, macht er ihr unmissverständlich klar, »die das Ziel der Spiritualität sein sollte. Denn in ihr geht es wesentlich um das Dienen.« Wer nicht weiß, was dienen ist, erklärt er, »kann auch nicht den Weg des Buddha oder sonst einen spirituellen Weg beschreiten«.

Man kann sich vorstellen, wie grenzenlos diese Antworten Bettina in Erstaunen versetzen. Denn dass ausgerechnet das Dienen zentraler Bestandteil der Spiritualität sein soll, kann sie nicht nachvollziehen. Ist es doch gerade das, von dem sie sich befreien will. Wie vielen Sinnsuchern der Esoterikbewegung geht es ihr darum, sich gegen Leiden, Trauer, Schmerz und Angst zu immunisieren und sich über die leid-, begierde- und ärgerverhafteten Mitmenschen erhaben zu fühlen. Tatsache ist jedoch, dass solche Einstellungen nicht den Pfad der Erleuchtung weisen, sondern auf den Holzweg der Pseudo-Spiritualität führen. Wenn sich nämlich jemand als spirituelles Wesen definiert, sich als »erwacht« oder »befreit« beschreibt und dies in exhibitionistischer Seligkeit zur Schau stellt, präsentiert er damit nicht weniger Eitelkeit als jemand, der jeden Morgen eine Stunde schminkend vor dem Spiegel zubringt. Echte Spiritualität sieht hingegen anders aus. In ihr geht es darum, das Haften am weltlichen Ich zu überwinden – und genau die Strukturen nicht mehr so wichtig zu nehmen, die für Bettina auch nach der »Erleuchtung« durch den Buddhismus im Mittelpunkt ihrer Selbstfindung stehen. Und das funktioniert laut Gandhi nicht ohne das Dienen.

Demut für alle

Der Mahatma ist wie kaum ein anderer tief in das Wesen der Religionen eingetaucht. Deswegen weiß er, welche Stärke Menschen haben können, die ihr Leben in den Dienst höherer Dinge stellen. Er fordert daher für seinen Weg des Satyagraha: »Der Geist der Selbsthingabe sollte alle Tätigkeiten des Lebens regieren.« Und es ist für Gandhi selbstverständlich, dass er selbst mit bestem Beispiel vorangeht. Sein Leben ist vollendete Hingabe und Demut, er kommt praktisch nie in den ernsthaften Verdacht, bei seinen Aktionen einen persönlichen Vorteil im Visier zu haben. Weder Reichtum noch Macht noch politische Ämter sind für ihn interessant: Den Vorsitz im indischen Kongress übt er nur vorübergehend aus, später lehnt er es kategorisch ab, in der jungen indischen Republik für Parlament, Ministerämter oder gar für die Präsidentschaft zu kandidieren. Sein Broterwerb bleibt bis zu seinem Tod das Handwerk und die Hausarbeit im Ashram.

Für Gandhi ist es ein Paradox, wenn sich ein Satyagrahi in irgendeiner Weise Vorteile von seinen Aktionen erhofft, und seien es auch nur Lob und Anerkennung. Denn das würde es unmöglich machen, dass sich in seinen Handlungen der Geist der Wahrheit entfaltet. Wobei Gandhi ausdrücklich ganz normale Bürger mit ganz normalen Berufen in seine Einschätzung einbezieht:

»Auch wer Familie hat, sollte das Leben eher als eine Pflicht denn als eine Möglichkeit des Genusses angehen. Ein Schuhmacher, ein Bauer, ein Händler oder ein Frisör können ihre Arbeit entweder im Geist der Selbsthingabe oder in der Sehnsucht nach Genuss verrichten. Ein Geschäftsmann, der seine Geschäfte im Geist der Selbstaufopferung betreibt, handelt mit Millionen, doch er wird, folgt er dem Ideal, seine Fähigkeiten in den Dienst der Lebewesen stellen. Darum wird er weder betrügen noch spekulieren, wird ein einfaches Leben führen, wird keine lebende Seele verletzen und eher Millionen verlieren, als jemandem etwas zuleide tun.«

Mit anderen Worten: Es kommt weniger darauf an, was wir tun, sondern darauf, wie wir es tun. Dass wir also nicht daran denken, was uns eine bestimmte Handlung für Vorteile und Genüsse verschafft, sondern dass wir sie stets unserer inneren Stimme, also dem Drang nach Wahrhaftigkeit entspringen lassen. Dieses Horchen auf die höhere innere Instanz ist es, was Gandhi unter Dienen versteht. Und als »praktischer Idealist« betont er, dass auf diese Weise auch ein ganz und gar weltlicher Mensch wie ein Geschäftsmann zu einem spirituellen Dasein gelangen kann.

Treuhänder der Macht

Silvia war einige Jahre im mittleren Dienst in der öffentlichen Verwaltung tätig, hat dann das Abitur nachgeholt und schließlich an einer Fachhochschule den Diplom-Verwaltungswirt gemacht. Mit dieser Qualifikation ist sie an ihrer Behörde eine Dienststufe höher gerutscht, mit der Konsequenz, dass jetzt immerhin acht Mitarbeiter ihren Weisungen zu folgen haben. Andererseits gibt es natürlich noch diverse Vorgesetzte über ihr, wie es eben typisch ist für die zahlreichen Führungskräfte aus dem mittleren Management.

Ihre Beförderung verdankt Silvia natürlich in erster Linie ihrer Kompetenz, an der sie in den letzten Jahren hart gearbeitet hat. Darauf darf sie mit gutem Grund ein wenig stolz sein, was auch Gandhi nicht verwerflich gefunden hätte. Aber was bedeutet die Beförderung darüber hinaus? Silvia verdient jetzt mehr Geld als vorher, und, was noch wichtiger ist, ihre Macht hat zugenommen. Sie bestimmt nun den organisatorischen Ablauf in ihrer Abteilung. Sie gibt Weisungen, verteilt Lob und Tadel, muss aber auch Kontrolle ausüben und darauf achten, dass alles reibungslos funktioniert. Außerdem trägt Silvia heute mehr Verantwortung als früher. Falls in ihrer Abteilung ein Fehler passiert, muss sie dafür ihren Vorgesetzten gegenüber gerade stehen. Selbst wenn sie den Fehler auf einen ihrer Mitarbeiter abwälzte, würde das bei ihren Chefs einen ziemlich schlechten Eindruck hinterlassen, da sie den Mitarbeiter angewiesen und ihn zu kontrollieren hat.

Als Mitglied des mittleren Managements verfügt Silvia demnach über eine gewisse Macht, muss aber andererseits »denen da oben« gehorchen. Es gibt also Menschen, die ihr dienen, und wieder andere, denen sie dient. Silvia sitzt gewissermaßen zwischen den Stühlen. Das jedoch ist ein Konflikt, der sich irgendwann von selbst lösen wird, und zwar dann, wenn die Verwaltungswirtin weiter Karriere macht. Wenn Silvia weiter befördert wird, sinkt die Anzahl derer, denen sie dienen muss, während die Zahl derer, die Silvia dienen müssen, zunimmt. Das ist unsere traditionelle, »abendländische« Sichtweise. Falsch, würde Gandhi nämlich sagen. Allein die Prämissen sind schon grundverkehrt. Denn jede Beförderung zu mehr Macht bedeutet nicht etwa, dass das Dienen weniger wird, sondern paradoxerweise, dass es zunimmt. Je weiter wir in der Hierarchie fortschreiten, desto mehr werden wir als Dienende gefordert. Was das bedeutet, hat Gandhi uns vorgelebt.

Natürlich liefert der Mahatma eine Begründung für den gleichzeitigen Zuwachs von Macht und Dienergeist. Nach Gandhi wird uns die Macht, auch wenn wir sie durch unsere Kompetenz verdient haben, von anderen Menschen anvertraut. Als Führungskräfte sind wir daher nicht Eigentümer, sondern »Treuhänder der Macht«, weshalb wir große Verantwortung denen gegenüber haben, die an uns glauben und uns folgen. Je mächtiger wir werden, desto höhere Maßstäbe müssen wir an unser eigenes Handeln ansetzen.

Dabei wäre es sicher ein Fehler, uns als Führungskraft grüblerisch zurückzuziehen und darüber nachzudenken, wie ich es allen Menschen recht machen kann. Das will auch Gandhi nicht. Denn wer es allen recht machen will, wird zum Knecht von Privatinteressen, auch wenn diese nicht unsere eigenen sind. Überhaupt ist es für Gandhi als Mensch der Tatkraft wichtig, dass wir weniger grübeln als handeln. Das kann uns allerdings nur gelingen, wenn wir uns zu bedingungslosen Dienern des Satyagraha und des Ahimsa machen. Alle unsere Handlungen sollen gewaltfreie Handlungen sein, und sie sollen frei vom Streben nach Genuss und persönlichen Vorteilen bleiben.

Kurzentschlossen und effizient

Das Gandhische Prinzip von Macht und ihrem Dienst an Wahrheit und Nichtgewalt klingt vielleicht ein wenig romantisch. So wie ein moralisches Märchen aus schönen Zeiten. Aber es ist mehr als das, weil es uns nicht nur zu einem höheren Führungsstandard im moralischen Sinne, sondern auch zu einer höheren Effizienz und letzten Endes auch – trotz aller Dienstbereitschaft – zu einer höheren Freiheit bringt.

Um zu verdeutlichen, was damit gemeint ist, begleiten wir einen Kunsthändler und seinen Konkurrenten in ein Auktionshaus, in dem Werke berühmter Künstler für Millionenbeträge versteigert werden. Der Kunsthändler hat sich nicht vorbereitet. Er ist weder über die Preise noch über die momentane Marktlage oder über die aktuellen Wünsche seiner Stammkunden genau informiert. Gleichwohl ist er zum Kauf einiger Gemälde fest entschlossen. Nur welche? Während der Auktionator einen Picasso, Mondrian oder Chagall nach dem anderen zuschlägt, wird der Händler immer ratloser und zögerlicher. Wann lohnt es sich für ihn, seinerseits zuzuschlagen? Die Tatsache, dass sich ihm so viele Kaufmöglichkeiten bieten, empfindet er als erbarmungslosen Zwang, in Sekundenschnelle die richtige Entscheidung zu treffen, wobei er keine Ahnung hat, welches Angebot günstig ist und welches nicht. Ganz anders sein Konkurrent, der zwei Plätze von unserem Kunsthändler entfernt sitzt und sich im Vorfeld der Auktion über die Preise kundig gemacht hat. Zielstrebig ersteigert er einige Objekte, von denen er weiß, dass er sie bald mit Gewinn verkaufen wird. Und wenn die Preise zu sehr in die Höhe schnellen, zieht er sich aus dem Geschehen im Auktionssaal zurück. Für ihn wiederum ist die Tatsache, dass er zur Auktion mit dem Wissen angereist ist, was er sich leisten kann und was nicht, kein Zwang, sondern ein Segen, der ihn vom Zwang der schnellen Entscheidung befreit – und ihm letztlich einen angemessenen Profit einbringen wird.

Freiheit besteht also nicht in einer unbegrenzten Fülle von Möglichkeiten, sondern darin, aus eigener Gewissheit das einzig Richtige zu tun oder zu erkennen. Genauso wie der clevere Kunsthändler müssen wir, so fordert es Gandhi, an jede unserer Handlungen herangehen, vor allem dann, wenn wir andere Menschen führen. Durch ständige Selbstkritik und Selbstzurücknahme erlangen wir die Gewissheit, dass wir nicht mehr grübeln müssen, um stets das Richtige zu tun. Die Führungskraft im Sinne Gandhis ist also weder ein Zauderer noch ein esoterischer Narziss, der uns mit seiner angeblichen Erhabenheit beeindrucken will. Er ist ein Mensch der Tat, der sein Leben als einen treuhänderischen Dienst an der Menschheit versteht. Wobei dieser Dienst, wie Gandhi warnt, niemals in selbstzerfleischende Aufopferung ausarten darf: »Lass deinen Opfergeist niemals so extrem werden, dass du sauertöpfig und deiner Umgebung überdrüssig wirst. Das ist eine der schlimmsten Versuchungen. Denn dann opfert man sich so lange auf, bis man von allem und jedem angewidert ist, nur um eine Resonanz zu erhalten. Wir opfern uns erst dann wahrhaftig auf, wenn wir keine Resonanz erwarten.«

Schwächt Zuwendung die Leistungskraft?

Wer auf Lob und Zuwendung aus ist, beeinträchtigt nicht nur den moralischen Wert, sondern möglicherweise auch den Erfolg seiner Handlungen. Dies ist das Ergebnis einer Studie der amerikanischen Sozialpsychologen Corinna Butler und Roy Baumeister.

Die beiden Wissenschaftler ließen Testpersonen schwierige Rechenaufgaben im Kopf lösen, vor einer Einwegscheibe, hinter der angeblich ein Freund oder ein Fremder sitzen sollte. Das Ergebnis: Allein der Glaube an die moralische Unterstützung von der anderen Seite der Scheibe reichte, um die Leistung der Versuchspersonen beträchtlich zu drücken. Diese brachten etwa ein Drittel weniger korrekte Rechenschritte zustande als diejenigen, die glaubten, im Angesicht eines Fremden zu arbeiten.

In einer zweiten Testreihe sollten die Teilnehmer in einem Computerspiel einen Hindernisparcours absolvieren. Hier waren ihre Leistungen deutlich schlechter, wenn ihnen jemand gegenübersaß, der ihnen die Daumen drückte, obwohl die Versuchsteilnehmer anschließend zu Protokoll gaben, dass sie sich in Anwesenheit ihres wohlwollenden Beobachters weniger abgelenkt und weniger gestresst gefühlt hätten.

Die permanente Anwesenheit einer »Lob- und Zuwendungsinstanz« wirkt also stressdämpfend, aber nicht unbedingt als Leistungsspritze, wie immer wieder gerne behauptet wird. Nichtsdestoweniger wird eine Fußballmannschaft in Heimspielen nach wie vor mehr Punkte sammeln als auswärts, im weniger öffentlichen Arbeitsleben jedoch kann sich permanente Zuwendung negativ auf die Arbeitsresultate auswirken. Sie sollte deshalb von Führungskräften eher sparsam dosiert werden.

11. Im Mosaik zählt jeder Stein – Unwichtige Arbeiten gibt es nicht

»Wer sich bemüht, selbst in kleinen Dingen sorgfältig zu sein, wird sich genauso bei großen Dingen verhalten. Denn die Meinung, wer nachlässig in kleinen Dingen sei, könne bei größeren sorgfältig sein, ist ein Irrtum.«

Mahatma Gandhi

Kai und Corinna studieren beide Betriebswirtschaftslehre, sie sind im selben Semester, besuchen dieselben Veranstaltungen und essen in derselben Mensa. Doch in ihrer Geschichte und in ihren Ambitionen könnten sie unterschiedlicher nicht sein.

Kai kommt aus einer traditionsreichen Kaufmannsfamilie, und es ist klar, dass er später den Familienbetrieb übernimmt. Corinna stammt hingegen aus einer Arbeiterfamilie, und konkrete Berufspläne hat sie noch nicht, außer dass sie einen Einstieg ins Verlagsgeschäft bevorzugen würde.

Es gibt noch weitere Unterschiede zwischen Kai und Corinna. So lässt Kai keinen Zweifel daran, dass er als Kaufmann und Manager geboren ist, was er unter anderem dadurch demonstriert, dass er die *Financial Times* unter dem Arm trägt und beim Monopolyspielen mit den Kommilitonen meistens gewinnt. Außerdem spekuliert er mit großen Summen an der Börse, lässt sich per SMS stündlich die aktuellen Aktienkurse zukommen. Sein Lieblingsspruch ist: »Think big«. Deshalb lächelt er auch nur spöttisch, wenn in seiner Fachschaft über die Finanzierung der Studentenzeitschrift debattiert und jeder neue 20-Euro-Anzeigenkunde freudig begrüßt wird. Denn Kai ist der Überzeugung, dass man seine Kräfte verschwendet, wenn man sich um solche »Peanuts« kümmert.

Und wenn Kai von »Peanuts« redet, denkt er auch an Corinna. Die nämlich hat weder Zeit für Monopoly noch Geld für Börsenspekulationen und die *Financial Times*. Corinna muss ihr Geld für das Studium in einer Kneipe verdienen, wo eine ihrer wesentlichen Einnahmequellen das Trinkgeld ist. Im Unterschied zu anderen kellnernden Studenten achtet sie darauf, nicht am Tresen zu versacken und pünktlich zum Ladenschluss nach Hause zu gehen. Ansonsten macht sie jedoch keineswegs »Dienst nach Vorschrift«. Im Gegenteil. Sie schafft es, mit jedem ihrer Kunden einen Plausch zu halten, und sie hört auch denen interessiert zu, von denen sie kein sonderliches Trinkgeld erwarten darf. Wenn das Bierfass leer ist, holt sie keine männliche Hilfe in Gestalt des Geschäftsführers, sondern wuchtet das Fass allein auf den Tresen, um dann mit ein, zwei gezielten Hammerschlägen den Zapfhahn hineinzutreiben. Zwei Jahre macht sie diesen Job, jeden Sonntag und Montag. Am Ende geht sie zum Geschäftsführer, um ihm zu sagen, dass sie aufhört, weil sie ihren Abschluss an der Uni gemacht hat. Der Mann ist fassungslos. Und erzählt ihr, dass es in seiner 10-jährigen Geschichte als Kneipenwirt das erste Mal sei, dass jemand bei ihm aufhört, weil er sein Studium zu Ende gebracht hat. Die meisten seiner studentischen Aushilfskellner würden das Studienfach wechseln, in der Gastronomie bleiben, einen Copy-Shop eröffnen oder als Sozialhilfeempfänger enden.

Corinna ist heute Leiterin der Lizenzabteilung in einem großen Buchverlag. Dort schätzt man es, gerade weil es der Verlagsbranche augenblicklich eher schlecht geht, dass sie für die kleineren Auflagen ebenso Taschenbuch- und Auslandslizenzen heranholt wie für die Bestseller. Und Kai? Er beendete sein Studium fast zwei Jahre später als Corinna und hängt jetzt frustriert im elterlichen Betrieb herum. Der Grund: Sein Vater traut ihm nicht zu, irgendwelche Führungsaufgaben zu übernehmen, »weil der Junge nicht begriffen hat, dass auch Kleinvieh zu dem Mist beiträgt, von dem wir leben«. Außerdem würde er ignorieren, dass für einen mittelständischen Betrieb jede Arbeitskraft zählt, vom Pförtner bis zum Abteilungsleiter. Und so sitzt Kai in der Warteschleife. Sein Vater hat ihm empfohlen, ein paar Jahre lang Erfahrungen in einem anderen Betrieb zu sammeln. Aber Kai hat bislang noch keine Initiative ergriffen.

Die Legende vom frühen Meister

»Früh übt sich, wer ein Meister werden will.« So heißt es im Volksmund und bedeutet: Wenn der achtjährige Knirps am Ostseestrand seine frisch gefangenen Feuerquallen für 20 Cent das Stück an wohlwollende Urlauber verkauft, ist das ein Hinweis darauf, dass aus ihm mal ein guter Kaufmann wird. Wer als 14-Jähriger zum Schulsprecher gewählt wird, hat gute Chancen auf eine politische Karriere, wer als 12-Jähriger bei »Jugend forscht« gewinnt, wird später sicherlich ein ambitionierter Wissenschaftler, und wenn man als 13-Jähriger an der Schülerzeitung beteiligt ist, verweist das auf eine spätere Karriere als Journalist.

Die Geschichte vom »Früh übt sich« hat sich mittlerweile auch bei den Personalchefs als Standardwissen durchgesetzt. Es wird dort durchaus wohlwollend betrachtet, wenn man beispielsweise im Studium nicht nur studiert, sondern nebenbei konkrete Berufserfahrungen erworben hat. Wenn also der angehende Betriebswirt schon weiß, worauf es in einem Unternehmen ankommt, oder wenn der angehende Biologe die Touristen durch das Naturschutzgebiet geführt hat, gilt das als echter Pluspunkt, der im Curriculum Vitae keinesfalls verschwiegen werden sollte.

Irgendwie klingt sie ja auch logisch, die Geschichte vom »Früh übt sich«, denn unsere Leistungen hängen davon ab, wie viel und wie intensiv wir trainieren. So wurde Wolfgang Amadeus Mozart (1756–1791) nicht nur aufgrund seines Genies zum großen Musiker, sondern auch deshalb, weil er bereits als Knirps stundenlang am Klavier saß. Und wer sich mit 14 Jahren zu Weihnachten sämtliche Werke von Kleist und Goethes *Iphigenie auf Tauris* wünscht, wie es Friedrich Nietzsche (1844–1900) dereinst tat, dem wird man leicht eine Karriere als Dichter und Denker prophezeien können. Dennoch geht der

Traum vom »Früh übt sich« nur selten in Erfüllung. Die Geschichte ist voller Gestrandeter und Frustrierter, die frühzeitig alle Hoffnungen auf eine große Karriere wecken und dann kläglich scheitern. Fußballtalente, die in der C-Jugend Tore schießen wie die Weltmeister, später jedoch nicht über die Landesliga hinauskommen. Musiker, die schon mit sieben Jahren den Beethoven vor- und rückwärts spielen, um als Erwachsene im Call-Center zu arbeiten. Grandiose Politikertalente, die als Studentensprecher dem Establishment das Fürchten lehren und später als arrivierte Reihenhausbesitzer gegen das benachbarte Asylantenheim protestieren. Und schließlich Kai, der immer beim Monopoly gewinnt und mit der *Financial Times* daher kommt, als Betriebswirt in der väterlichen Firma aber kein Bein auf die Erde bekommt.

Die Leistungen in der Jugend lassen also nicht unbedingt auf die Leistungen im Erwachsenenalter schließen. Weil es nämlich, wie das Beispiel von Kai und Corinna zeigt, weniger darauf ankommt, was man tut, sondern mehr darauf, wie man es tut. Und darauf, dass man das Arbeitsleben – das eigene ebenso wie das allgemeine – nicht in niedere und höhere Arbeiten einteilt, sondern alles, was ernsthaft gearbeitet wird, auch wirklich ernst nimmt.

Gandhi und die Ernsthaftigkeit des Kleinkrams

Gandhi legt stets großen Wert auf so genannte kleine Arbeiten. Wobei ihm das nicht nur ein soziales Anliegen ist und er die enormen Gehaltsunterschiede zwischen den einzelnen Berufen schlichtweg für »ein Verbrechen« hält. Für ihn geht es noch um etwas ganz anderes, und zwar um die Beseitigung des ermüdenden Gedankendurcheinanders, das in unseren Hirnen herrscht:

»Gewöhnlich drängen sich unsere Gedanken chaotisch in unserem Kopf-Disziplin setzt uns in die Lage, sie zu ordnen und jeden Gedanken, jeden Impuls und jedes Gefühl auszuschließen, die keinen Bezug zu dem haben, womit wir uns gerade beschäftigen. Wenn wir das immer tun könnten, würden wir keine Ermüdung kennen. Nicht die Arbeit tötet uns, sondern das Chaos.«

Wie aber können wir uns zur notwendigen Disziplin emporarbeiten, um unser Gedankenchaos zu bändigen? Die Meditation, die zum Beispiel im Buddhismus betrieben wird, kann da sicher helfen, doch Gandhi widerstrebt es, eine religiöse Handlung für einen weltlichen Zweck zu missbrauchen. Er plädiert daher für das, was viele Erfolg gewohnte Menschen heutzutage als Kleinkram abtun: »Die Konzentration auf die kleinen Dinge führt zu großen Resultaten.« Wer auf diese Weise arbeitet, so Gandhi, verbraucht zwar eine Menge Energie, bekommt aber auch eine Menge Energie zurück. Wie etwa Corinna, deren Arbeit als Studentin und Kellnerin sicherlich anstrengend war, sie aber auch »energetisch« darauf vorbereitete, im späteren Berufsleben große Anstrengungen schultern zu können.

Wie bei allem geht Gandhi auch in punkto Kleinarbeit und Disziplin mit bestem Beispiel voran. Alle, die ihn kennen, sind immer wieder erstaunt, mit welcher Vielzahl von Gebieten, Menschen und Details er sich beschäftigt.

Er schafft es, täglich mehr als 50 Briefe zu schreiben und eine Stunde am Spinnrad zu arbeiten, außerdem liest er die Bibel genauso wie das *Kapital* von Karl Marx, ganz zu schweigen davon, dass er sich das Handwerk des Schusterns aneignet und Tag für Tag die Latrinen mit den Fäkalien entsorgt. Denn: »Jeder muss sein eigener Müllmann und eigener Latrinenreiniger sein.« All das schafft er freilich nur mit exakter Zeiteinteilung, was durchaus dazu führen kann, dass Gandhi ein Gespräch mit einem »Genug für heute« beendet, wenn er meint, dass alles gesagt worden ist.

Trotz akribischer Terminplanung hat jeder den Eindruck, dass Gandhi sich ganz auf ihn und sein Anliegen konzentriert, und das mit vollem Ernst und bis zur letzten Konsequenz. Als einem Mädchen im Ashram die Mandeln entfernt werden müssen, es jedoch große Angst vor der Narkose hat, bleibt Gandhi während der ganzen Operation bei ihm, so lange bis es wieder aufgewacht ist – obwohl draußen Dutzende von wichtigen Gesprächspartnern auf ihn warten.

Den Humor bewahren

Bei allem Respekt vor Gandhis Disziplin: Kann es nicht sein, dass der Mahatma einfach nur ein Pedant ist, der mit seinem peniblen Verhalten der Welt gewaltig auf die Nerven geht? Ist es nicht besser, gelegentlich fünf gerade sein zu lassen, um sich nicht zu verkrampfen? Für Gandhi kommt das, moralisch gesehen, nicht infrage. Für ihn zählt, dass wir in allen unseren Handlungen vom Geist des Satyagraha, vom Geist der Wahrhaftigkeit, getragen werden und um Gewaltlosigkeit bemüht sind. Deshalb müssen wir auch in kleinen Arbeiten mit vollem Ernst bei der Sache sein, was keineswegs kleinlich oder pedantisch ist, sondern ein Zeichen absoluter moralischer Konsequenz. Für kleinkarierte Geizhälse und Spießer, die das Kennzeichen ihres Autos mit der Zahnbürste abschrubben oder sich mit der Polizei anlegen, weil sie das Parkverbotsknöllchen nicht hinnehmen wollen, hätte Gandhi kein Verständnis gehabt. Für ihn wäre vielmehr wichtig, dass wir als Umweltaktivisten nicht nur an Demonstrationen gegen das Waldsterben teilnehmen, sondern auch zu Hause darauf verzichten, unser Auto zu waschen und das dabei austretende Öl einfach in die Kanalisation ablaufen zu lassen. Für ihn zählt, dass wir uns nicht nur für UNICEF engagieren, sondern darauf verzichten, unsere eigenen zweijährigen Kinder mit Liebesentzug zu bestrafen, wenn sie nicht so »spuren«, wie wir es von ihnen erwarten.

Es gibt übrigens ein sicheres Zeichen dafür, dass moralische Kleinarbeit im Unterschied zu kleinkarierter Pedanterie keinesfalls mit einer engstirnigen Geisteshaltung einhergehen muss: den Humor. So ist Corinna nicht zuletzt deshalb bei ihren Kneipengästen so beliebt, weil sie witzig ist und lauthals lachen kann. Auch Gandhi verliert zeit seines Lebens trotz aller Widerstände nicht seinen Humor, wobei dieser niemals zynisch oder gemein wird und die Selbstironie einschließt. Als eines der Mädchen im Ashram penetrant von einem Jungen geärgert wird und ihm schließlich mit schlagenden Argumenten in Form einer herumwirbelnden Suppenkelle antwortet, erklärt Gandhi den Streithähnen mit einer ironischen Anspielung auf seine bewährte »Friedensstrategie«: »Ich werde so lange fasten, bis ihr euch wieder vertragt.« Nur wenige Minuten später geben die beiden ihren Friedensschluss bekannt.

Zeitdruck: Gut oder schlecht für die Kreativität?

Gandhi hält exakte Terminpläne ein, wobei die einzelnen Termine zeitlich großzügig geplant sind, um den Druck aus seinem Alltag zu nehmen. Er ist ein gutes Beispiel dafür, dass eine großzügigere Zeiteinteilung große Kreativpotenziale entfaltet. Andererseits hält sich hartnäckig die Meinung, dass Termindruck auch zur Kreativität anspornen kann. Es soll sogar Menschen geben, die nur unter Zeitdruck kreativ sein können. Wer hat nun Recht?

Möglicherweise beide. Denn Wissenschaftler der Harvard Business School fanden in einer repräsentativen Studie heraus, dass Arbeitnehmer, wenn man sie nach Hindernissen für ihre Kreativität befragt, neben internen Konkurrenzdruck und konservativen Chefs vor allem den Zeitdruck angeben. Fragt man sie aber danach, was ihre Kreativität fördert, nennen sie neben Anerkennung, Freiheit und Vertrauen wiederum den Zeitdruck.

Zeitdruck kann also Kreativität ebenso fördern wie

unterdrücken. Entscheidend ist wohl die Persönlichkeit des Arbeitenden. Lustarbeiter, bei denen in der Arbeit Spaß und Anerkennung im Vordergrund stehen, reagieren eher positiv auf Zeitdruck, während Pflichtarbeiter auf Zeitdruck meistens negativ reagieren. Wobei festzuhalten bleibt, dass sich motivierte Pflichtarbeiter (zu denen sicherlich auch Gandhi zählt) in der Regel produktiver zeigen als die stimmungsabhängigen Lustarbeiter. Das Genie erschließt sich eben eher über Disziplin und Arbeit als über gelegentliche Eingebungen.

12. Trachte nicht nach dem Sieg! – Das Gandhi-Prinzip der verliererlosen Kompromisse

»Aus persönlicher Sicht hat man immer Recht, aus der Sicht aufrichtiger Kritiker oft Unrecht. Doch weiß man wohl, dass beide Seiten aus ihrer jeweiligen Sicht Recht haben. Deshalb sollte man jede Verurteilung seiner Gegner oder Kritiker vermeiden.«

Mahatma Gandhi

Wenn wir ehrlich sind, dann sind wir doch alle irgendwie harmoniesüchtig. Selbst die hartgesottensten Streithähne unter uns haben sich irgendwo in ihrem Leben »Inseln der harmonischen Glückseligkeit« geschaffen. So macht der streitbare Fraktionsvorsitzende zu Hause mit seinen Kindern Kammermusik, trifft sich der knochenharte Baulöwe abends mit seinen Kumpels zum geselligen Skat, hält sich die mit allen Wassern gewaschene Headhunterin eine Katze zum Schmusen. Von daher müssten wir eigentlich alle Gandhis Worte regelrecht in uns aufsaugen, steht er doch in dem Ruf, ein großer Friedens- und Harmoniestifter zu sein. Tatsache ist freilich, dass ihm dieser Ruf zu Unrecht nacheilt. Denn Gandhi ist zwar jemand, der den gewaltlosen Kampf für die Freiheit salonfähig gemacht hat, aber ein Friedens- und Harmoniestifter ist er deshalb nicht.

Konflikte müssen keinesfalls zwangsläufig destruktive Handlungen nach sich ziehen. Im Gegenteil: Gandhi kämpft zwar um die Lösung von Konflikten, doch er ist weit davon entfernt, sie als reines Übel zu interpretieren. Denn Unvereinbarkeit ist besser als überhaupt keine Beziehung zwischen den Menschen: »Ein Konflikt zwischen dir und mir bedeutet, dass du und ich wenigstens irgendetwas gemeinsam haben und dass uns ein gemeinsames Band verknüpft.« Oder anders ausgedrückt: Unvereinbarkeit bedeutet zwar, dass wir ein Problem haben, doch dieses Problem ist *unser* Problem und wir müssen es gemeinsam lösen. Auf diese Weise wird aus Konflikten eine Aufforderung zur Kooperation und damit zu einer Art Rohstoff, aus dem sich zwischenmenschliches Zusammensein gestalten lässt.

Eine konfliktbeladene Beziehung ist also besser als gar keine Beziehung. Weswegen der Mahatma auch nicht böse wird, wenn ihn jemand beschimpft: »Vielleicht weiß du nicht, dass ich Menschen, die mich beschimpfen, sehr schätze. Auf diese Weise lassen sie ihren Ärger heraus und reinigen ihre Herzen. Mir sind solche Kritiker tausendmal lieber, als solche, die mich verehren, mich beklatschen, doch gleichzeitig Mord und Totschlag verüben und sich nicht daran halten, was ich sage.«

Gandhi ist durchaus streitbar, und es ist genau das, was die Engländer so unendlich irritiert. Als er sich zu ihnen an den Verhandlungstisch setzt, erwarten sie eine spirituelle, aber letztendlich zahnlose Friedenstaube. Doch der schmächtige Mann macht ihnen unmissverständlich klar, dass die Zeit der Briten in Indien abgelaufen ist und dass sie keine Chance haben, dagegen etwas zu unternehmen, weil niemand die Welle des Satyagraha aufhalten kann. So redet keiner, den die Sehnsucht nach Harmonie umtreibt.

Fazit: Wir dürfen von Gandhi keine Strategien der höheren Diplomatie oder der Deeskalation erwarten. Man kann von ihm keine Zauberformeln lernen, wie sich jeder Streit sofort in Harmonie verwandelt. Was wir von ihm aber lernen können, ist eine andere Sicht auf das Wesen von Konflikten.

Vom Himmel der Nichtgewalt

Ein japanischer Samurai forderte einst einen Zen-Priester auf, ihm Himmel und Hölle zu erklären. Doch der Priester erwiderte verächtlich: »Du bist nichts als ein Flegel, mit deinesgleichen verschwende ich nicht meine Zeit.«

Tief getroffen in seiner Ehre zog der Samurai sein Schwert und schrie: »Für deine Frechheit sollst du mir sterben!«

»Das ist«, gab ihm der Priester gelassen zurück, »die Hölle.«

Verblüfft von der Erkenntnis der Wahrheit dessen, was der Zen-Meister ihm über die Wut gesagt hatte, beruhigte sich der Samurai. Er steckte das Schwert zurück und dankte dem Priester mit einer tiefen Verbeugung für die Einsicht.

»Und das«, sagte der Priester, »ist der Himmel.«

Nicht nur der Zen-Buddhismus, auch viele andere

asiatische Religionen und Philosophien sind voll solcher Gleichnisse, in denen die Überwindung von Hass und Zorn thematisiert wird. Man kann davon ausgehen, dass Gandhi viele davon gekannt hat. Auch für ihn ist es wichtig, Konflikte ohne negative Emotionen auszutragen, und er macht konkrete Vorschläge, wie wir dahin kommen können:

- Erkenne, dass Zorn dir niemals weiterhilft!
- Erkenne, dass dein Gegner nicht das Böse an sich ist!
- Sorge dafür, dass der Gegner keine Macht über dich hat!
- Sei bereit zur Selbstkorrektur!
- Es gibt keine Sieger und Verlierer!
- Schone den angeschlagenen Gegner!

Erkenne, dass Zorn dir niemals weiterhilft!

Jeder von uns hat solche Punkte, an denen er besonders anfällig dafür ist, die Kontrolle über sich zu verlieren und zornig zu werden. Die einen werden wütend, wenn sie sich ungerecht behandelt fühlen, die anderen brausen auf, weil sie nicht mit Widerspruch umgehen können. Doch für Gandhi steht fest, dass Zorn in jedem Fall überflüssig und kontraproduktiv ist, unabhängig von den Beweggründen und unabhängig davon, ob diese berechtigt sind oder nicht: »Wenn du im Recht bist, kannst du dir leisten, die Ruhe zu bewahren; und wenn du im Unrecht bist, kannst du dir nicht leisten, sie zu verlieren.«

Was konkret bedeutet: Wenn Sie in eine Sitzung gehen und sich darauf sorgfältig mit stichhaltigen Argumenten vorbereitet haben, können Sie guten Gewissens die Ruhe bewahren. Denn dann sprechen Ihre Argumente für sich, ohne dass Sie ihnen aggressiv Nachdruck verleihen müssen. Im Gegenteil: Es sind schon manch gute Theorien und Konzepte gescheitert, weil sie marktschreierisch oder emotionsgeladen vorgetragen wurden und dadurch das Publikum misstrauisch machten.

Wenn Sie jedoch keine guten Argumente haben, sollten Sie natürlich am besten gar nicht in eine Sitzung gehen oder sich während des Meetings absolut ruhig verhalten. Denn wer schwache Argumente lautstark und aggressiv an den Mann zu bringen versucht, mag kurzfristig Erfolg haben, weil er die anderen einschüchtert, langfristig aber verliert er an Autorität. Es gibt einfach kein gesundes Unternehmen und keine gesunde Organisation, in denen inkompetente Viel- und Klugschwätzer Karriere machen! Das gelingt, meistens jedenfalls, Firmen, in denen die sozialen Strukturen ohnehin marode sind und sich die kollegialen Beziehungen auf pure Machtspiele reduziert haben.

Erkenne, dass dein Gegner nicht das Böse an sich ist!

In asiatischen Kampfsportarten zählt es zu den zentralen Tugenden, nicht mit Hass und Zorn in den Kampf zu gehen, sondern sich von dem Gedanken zu lösen, selbst das

Opfer zu sein und das Gegenüber als vorsätzlichen und böswilligen Angreifer zu sehen. Man versteht den Angriff auf die eigene Person vielmehr als Attacke blinder, unpersönlicher Kräfte, die außer Kontrolle geraten sind. Gandhi schließt sich dieser Denkweise rückhaltlos an, wenn er sagt, man solle »das Böse bekämpfen, nicht aber den, der Böses tut«. Wir sollten also akzeptieren, dass unser Gegner gerade dann, wenn er wütend und aggressiv geworden ist, von Kräften gesteuert wird, die er nicht mehr im Griff hat. Das versetzt uns in die Lage, gleichmütig zu agieren und die entfesselten Kräfte unter Kontrolle zu bringen.

Dazu gehört, dass wir unseren Gegner nicht vorschnell als Lügner und Betrüger verurteilen, selbst wenn noch so viele Indizien dafür sprechen, dass dieser uns gerade ein Märchen auftischt. Denn, so erklärt Gandhi, »die Fähigkeit des Menschen, sich selbst zu täuschen, ist unermesslich größer als die, andere zu täuschen«. Ähnlich argumentierte schon Friedrich Nietzsche (1844-1900), als er sagte, dass es unendlich mehr Fantasten gebe, »die sich selbst belügen«, als echte Lügner, »die andere belügen«.

Und in der Tat: Wenn man in Gesprächen einen Lügner beobachtet, merkt man, wie er seiner ursprünglichen Lüge immer wieder neue erfundene Mosaiksteinchen hinzufügt, bis sich am Ende ein Lügengespinst ergibt, das logisch so ineinander verzahnt ist, dass es schließlich den Lügner von seiner Wahrhaftigkeit überzeugt. Außerdem konkurrieren Wahrheit und Lüge um begrenzte Plätze in unserem Gehirn. Lügner brauchen nämlich zwei Gedächtnisse: eines für die Wahrheit und eines für die Lügen. Ein wahres Ereignis steht für sich allein, während man der Lüge, will man sie hieb- und stichfest machen, immer weitere Lügen hinzufügen muss. Mit der Folge, dass das Gedächtnis für die Lügen immer mehr Raum beansprucht, bis am Ende die eigentliche Wahrheit verdrängt und das Lügengewirr für wahr gehalten wird. Weswegen denn auch Lügner aus allen Wolken fallen, wenn man ihr Märchengespinst zerreißt – denn sie haben am Ende tatsächlich daran geglaubt und jeglichen Bezug zur Realität verloren. Werden Sie also nicht wütend, wenn Sie es mit einem offensichtlichen Lügner zu tun haben. Denn oft betrügt er sich selbst, und irgendwann wird er über eine seiner Lüge stolpern – was ihn allerdings nicht davon befreit, für seine Taten zur Rechenschaft gezogen zu werden.

Sorge dafür, dass der Gegner keine Macht über dich hat!

In Gesprächen und Verhandlungen werden Sie immer wieder erleben, dass die Beteiligten in offener oder subversiver Weise versuchen, aufeinander Macht auszuüben. Viele Kollegen pochen zum Beispiel immer dann auf die Firmenhierarchie, wenn sie mit Argumenten nicht mehr weiterkommen. Dann heißt es plötzlich: »Als Abteilungsleiter treffe letzten Endes ich die Entscheidung.« Manche Mitarbeiter sind zudem wahre Meister im Bloßstellen und Abqualifizieren und glänzen zwischendurch mit Äußerungen wie: »Meinen Sie, dass Sie das mit Ihren Vorkenntnissen überhaupt beurteilen zu können?« In solchen Gesprächen spüren Sie regelrecht, wie die Aggressionen hoch kochen, ohne dass konstruktive Ergebnisse dabei herauskommen.

Macht kann allerdings nur dann über uns Einfluss gewinnen, wenn wir ihr einen Angelpunkt bieten. Gandhi hebt diesen spezifischen Aspekt der Machttechnik stets heraus, nicht zuletzt auch deshalb, weil er ihn nach seiner Rückkehr aus Südafrika in Indien exklusiv vor Augen geführt bekommt. Denn die Briten können dort ihre Macht nur entfalten, weil Indien die einheimische Industrie (vor allem die Textilindustrie) vernachlässigt und dadurch abhängig von den Lieferungen der Kolonialherren ist. Seine wirtschaftliche Unselbstständigkeit ist also der Angelpunkt der britischen Macht. Umgekehrt zeigt Gandhi aber auch, wie man einen Gegner entmachtet, indem man ihm die Angelpunkte der Machtausübung entzieht. Da er die Inder konsequent zur Einhaltung der Gewaltlosigkeit bewegt, nimmt er dem englischen Regime Stück für Stück die Rechtfertigung, die Schraube der Gewalt gegen das unterdrückte Volk weiter anzuziehen. Am Ende bleibt dem Empire nichts anderes übrig, als Indien in die Unabhängigkeit zu entlassen.

Das Entziehen der Machtangeln funktioniert nicht nur in großen Zusammenhängen, sondern auch im kleinen Kreis von persönlichen Konflikten und Verhandlungen. Wobei es vor allem einen Weg gibt, die Angeln der Macht auszuhebeln, und das ist die persönliche Integrität. Es gehört zu den typischen Konflikttechniken, dass Streithähne ihr Gegenüber in moralische »Atemnot«

bringen. Ein Beispiel: Der Vater tadelt seine Tochter, weil sie am Abend nicht, wie vereinbart, um 22, sondern erst um 24 Uhr nach Hause gekommen ist. Er wirft ihr vor, sein Vertrauen missbraucht zu haben. Worauf die Tochter cool erwidert, dass sie sich von ihm keine Vorträge über Vertrauenswürdigkeit anhören muss. »Denn wer auf die Restaurantrechnung einen nicht existierenden Geschäftspartner draufkritzelt, um das Finanzamt zu beschwindeln, taugt nicht gerade zum Vorbild.« Wahrscheinlich wird der Vater daraufhin sagen, dass man das ja wohl nicht miteinander vergleichen kann. Doch damit liegt er falsch. Als Führungskraft – und ein Vater ist eine Führungskraft – müssen wir integer, müssen wir auch in unseren kleinen alltäglichen Handlungen unanfechtbar sein.

Gandhis Vorschlag zum »Entangeln« der gegnerischen Macht lautet also: Zuallererst müssen wir Macht über uns selbst gewinnen! Wir dürfen in unseren moralischen Prinzipien niemals schwach werden, damit wir an eben diesen Schwachpunkten nicht von unseren Gegnern angegriffen werden! Dazu gehört auch, dass wir ein bescheidenes Leben führen, uns nicht auf halbseidene und riskante Projekte einlassen. Denn wer sich als Abteilungsleiter beim Gartenbauamt eine Villa kauft und sich für deren Finanzierung von der Bank einen Riesenkredit aufschwatzen lässt, dessen Abzahlungen allenfalls haarscharf vom Gehalt abgedeckt werden, ist natürlich anfälliger dafür, sich beim Vergeben von Bauaufträgen bestechen zu lassen, und sei es auch nur dadurch, dass er bereitwillig die üblichen Weihnachtsgeschenke der Baufirmen annimmt. Wer wirklich frei von äußeren Machteinflüssen sein will, muss dafür frühzeitig die richtigen Weichen in seinem Leben stellen.

Sei bereit zur Selbstkorrektur!

»Es ist ein Irrtum, sich übereilt einzubilden, ein Punkt, den wir nicht verstanden haben, verrate zwangsläufig einen Irrtum.«

Mit diesem Ausspruch macht Gandhi unmissverständlich klar, dass wir oft die Position unseres Gegners nur deshalb für falsch und unvereinbar mit unserer eigenen halten, weil wir sie nicht richtig verstanden haben. Bei näherem Hinsehen stellt sich nämlich immer wieder heraus, dass die Positionen gar nicht so verschieden sind.

Daraus könnte man den Schluss ziehen, dass wir in jedem Fall versuchen sollten, den Gegner zu verstehen, bevor wir in den offenen Konflikt mit ihm treten. Doch das ist nicht im Sinne Gandhis. Für ihn ist ein Konflikt nichts Negatives, denn er sieht offene Konfliktgespräche als Chance, die gegnerischen Parteien einander näher zu bringen. Und dazu gehört, dass sie sich zu Beginn der Unterredung gegenseitig die Meinung sagen, ohne von der anderen Seite gestört zu werden.

Echtes Verstehen gelingt aber nur dann, wenn ich den anderen unabhängig von seinem Status und meinen persönlichen Vorurteilen betrachte. Wie schwierig das ist, sieht man bei den Tarifgesprächen zwischen Arbeitgebern und Gewerkschaftsführern. Hier sind die Vorbehalte mittlerweile so groß, dass oft schon nach einem Schlichter gerufen wird, bevor man die Position der Gegenseite richtig kennt. Immer wieder hören wir von Schlichtern, dass sich die Parteien unter ihrer Anwesenheit näherkommen und »allmählich Verständnis für die gegnerische Position entwickeln«. Schade, dass sie dazu einen Schlichter brauchen. In einem zivilisierten Konfliktgespräch ohne ideologische Berührungsängste muss es möglich sein, sich ohne Hilfe von außen zu verständigen.

Es gibt keine Sieger und Verlierer!

Ein Konflikt wird im abendländischen Denken meist als etwas Negatives betrachtet. Konflikt bedeutet hier: »Mir steht etwas im Wege.« Und dieses Etwas ist der Gegner, der Konkurrent, die Gegenpartei. Es ist einleuchtend, dass man aus einem solchermaßen verstandenen Konflikt entweder als Sieger oder aber als Verlierer hervorgehen muss, denn entweder gelingt es mir, den Gegner aus dem Feld zu schlagen, oder es gelingt mir nicht.

Nur die wenigsten Menschen kommen auf die Idee, den Gegner als jemanden zu sehen, von dem man lernen kann und mit dem man daher Umgang pflegen sollte. So etwas gilt hierzulande als Schwäche, als Anbändeln, als Niederlage. Wer so etwas macht, gilt im Kollegenkreis als naives Werk- und Spielzeug der Gegenseite, möglicherweise sogar als Verräter.

Dabei geht es auch anders. Es ist Gandhis großer Verdienst, das asiatisch-spirituelle Konfliktverständnis in der Auseinandersetzung mit dem Westen erfolgreich eingesetzt und damit hoffähig gemacht zu haben. Die wesentlichen Merkmale von Gandhis Strategie liegen darin, dass wir akzeptieren, aus einem Konflikt sieg- und niederlagenlos herauszukommen zu können, und dass wir akzeptieren, im Konflikt nicht nur den anderen, sondern auch uns selbst bessern und korrigieren zu wollen.

So weit kommen wir freilich nur, wenn wir uns von den Anhaftungen des Ichs lösen. Wir müssen uns von der Hoffnung verabschieden, in irgendeiner Form von einem Konflikt zu profitieren, und sei es auch nur dergestalt, dass wir in einem Kompromiss möglichst viele unserer Forderungen oder Ideen durchsetzen. Wir müssen den Konflikt vielmehr als eine weitere Stufe des Satyagraha begreifen, und wir müssen es als unsere Erfüllung sehen, wenn wir ebenso wie unser Gegner einen Teil dieser Stufe bilden. Das widerspricht natürlich vehement unserem abendländischen Denken, erst recht, wenn wir gewohnt sind, unser Konfliktverhalten nach Kategorien wie Sieg, Erfolg, Macht und Karriere zu bewerten. Denn unser liebgewonnenes Ich wird bei Gandhi, und das ist typisch für alle spirituellen Philosophien, systematisch demontiert. Bewältigt man einen Konflikt nach Gandhis Maßstäben, springt an der Oberfläche für den »Sieger« kein Vorteil heraus. Kein Ruhm, keine Anerkennung. Das klingt für den Erfolg verwöhnten Menschen des Westens nur wenig verlockend.

Nichtsdestoweniger ist es Erfolg versprechend, an Konflikte in dieser Weise heranzugehen. Nehmen wir als Beispiel, wie in einer Werbeagentur zwei Interessengruppen um eine Werbekampagne für eine neue Capuccino-Schokolade streiten. Die eine Gruppe will die Kampagne konservativ, will das Produkt in der »Abends-vor-dem-Kamin«-Schiene platziert sehen. Die andere Gruppe möchte eine innovative Kampagne, sieht die Chance der Cappuccino-Schokolade als ultimativen Zwischendurchgenuss für den jung-dynamischen Single, der mitten im Berufsstress steht. Typischerweise verlaufen die Diskussionen dann so, dass beide Seiten mit allen Mitteln versuchen, ihre Idee durchzuboxen. Wobei diese Mittel, wenn es insgesamt gut in der Agentur läuft, halbwegs im erlaubten Rahmen liegen und sich auf die Rhetorik, eine spektakuläre Darstellung oder vertrauliche Gespräche im Hintergrund beschränken. Läuft es eher schlecht im Unternehmen, kommen »dirty tricks« zum Einsatz, wie persönliche Anfeindungen, Denunziationen, falsche Gerüchte oder Ähnliches. In jedem Fall ist es das Ziel beider Gruppen, die Gegenseite auszustechen, weil man überzeugt ist, die bessere Idee zu haben. Das Ergebnis wird schließlich sein, dass sich eine der beiden Ideen durchsetzt, oder es kommt eine Kompromisslösung zustande, in der beide Gruppen zähneknirschend große Zugeständnisse machen. Egal, wie der Konflikt ausgeht: Es bleiben massenweise Verlierer auf der Strecke, und möglicherweise ist auch die Cappuccino-Schokolade darunter.

Wie würde der Wettstreit um die beste Schokoladenkampagne bei Gandhi ablaufen? Beide Seiten würden ihre Ideen vortragen und diese mit kräftigen Argumenten unterstützen. Sie würden jedoch nicht darauf beharren, dass nur ihre und keine andere Idee sich am Ende durchsetzen darf. Beide Gruppen wollen vielmehr ein schlüssiges Marketingkonzept für die Schokolade entwickeln, unabhängig davon, wer sich darin in welcher Weise auch immer eingebracht hat. Das beinhaltet, dass man sich die Argumente der Gegenseite vorbehaltlos anhört und nicht um jeden Preis am eigenen Projekt festhält, sondern Abstriche bis zum Projektuntergang einkalkuliert, sofern es dem Gesamtkonzept dient. Wie eine solche Sitzung schließlich ausgehend wird, ist unmöglich vorherzusagen. Im Prinzip ist alles denkbar. Es ist sogar möglich, dass beide Ideen verworfen werden, weil sie sich beide als untauglich für die Vermarktung der Schokolade herausgestellt haben. In jedem Fall aber wird es keine Verlierer geben, weil niemand einen persönlichen Sieg erringen will. Dafür ist es umso wahrscheinlicher, dass die Schokolade als Sieger aus dem Konflikt hervorgeht und künftig durch ein wahrhaft schlüssiges Marketingkonzept beworben wird.

Mag sein, dass ein solcher Gandhischer Kontroversenverlauf für unsere westliche Alltagswelt utopisch klingt. Doch utopisch kann auch bedeuten, dass sich bisher noch niemand getraut hat, es zu versuchen.

Schone den angeschlagenen Gegner!

Es ist typisch für die Sieger-Verlierer-Mentalität unserer Gesellschaft, einen angezählten Gegner noch einmal zu traktieren, damit er auch wirklich k.o. geht und nicht mehr so schnell wieder aufsteht. Gandhi kann mit dieser Sichtweise nichts anfangen. Sie widerstrebt nicht nur seinem Prinzip der Nichtgewalt, er sieht sie auch als Einschränkung geistiger und moralischer Kapazitäten, insofern der vernichtend geschlagene Gegner nichts mehr zur Sache zur Wahrheitsfindung beitragen kann.

Mitunter braucht man allerdings große persönliche Stärke, um diesen Kurs beibehalten zu können, vor allem dann, wenn Hass und Zorn im Spiel sind. Gandhi selbst stellt diese Stärke immer wieder unter Beweis, wie etwa bei der so genannten Champaran-Kampagne, in der die Bauern der gleichnamigen indischen Region vom Joch der kolonialen Gutsbesitzer befreit werden sollen. Gandhi hätte darauf bestehen können, dass die Landherren 100 Prozent der Geldsummen zurückgeben, die sie illegal bei den Bauern eingetrieben haben. Doch er fordert nur 25 Prozent, damit sie ihr Gesicht wahren können. Sogar seine Anhänger schütteln darüber zunächst den Kopf. Aber letztendlich erreicht Gandhi sein Ziel: Zehn Jahre später haben fast alle kolonialen Landbesitzer Champaran verlassen – freiwillig, ohne Blutvergießen.

Als die Briten in den Krieg gegen Hitler hineingezogen werden, versagt Gandhi ihnen zwar die indische Militärhilfe, schraubt jedoch den Freiheitskampf zurück, um England nicht noch weiter unter Druck zu setzen. Eine Taktik, die ihm bei seinen Gegnern mehr Respekt verschafft als bei seinen Freunden. Als es schließlich mit England zu konkreten Unabhängigkeitsverhandlungen kommt, hält er den Forderungskatalog bewusst kurz, viel kürzer, als es seinen Anhängern lieb ist. Doch Gandhi lässt sich nicht beirren. Denn: »Ein Satyagrahi reduziert seine Forderung auf ein Minimum, damit sich der Gegner ehrsam aus dem Konflikt herausziehen kann.«

Es ist also mitunter viel Mut nötig, um einen angeschlagenen Gegner zu schonen und eben nicht, wie es die Umgebung fordert, endgültig zu vernichten. Doch der Mut lohnt sich. Nicht nur aus ethischen und philosophischen Gründen, sondern auch deshalb, weil menschliche Beziehungen bekanntermaßen erstaunliche Wandlungen durchlaufen können. Es kann also durchaus sein, dass Sie irgendwann einmal auf die Hilfe Ihres ehemaligen Feindes angewiesen sind – und dann wird er sich daran erinnern, dass Sie ihn damals fair behandelt haben.

Konflikte lösen im Sinne Mahatma Gandhis: Die sechs Säulen

Schiebe Konflikte nicht hinaus! Handle sofort! Handle für deine eigene Gruppe! Handle aus Überzeugung! Lass dich auf keine Scheinkompromisse ein! Beschönige nichts!

Gehe positiv an den Konflikt heran! Betrachte Konflikte als Chance, deinem Gegner zu begegnen! Betrachte Konflikte als Chance, etwas zu verändern! Betrachte Konflikte als Chance, dich selbst zu verändern!

Bestimme den Konflikt genau! Schaffe Klarheit über deine Ziele! Schaffe Klarheit über die Ziele deines Gegners! Betone gemeinsame und vereinbare Ziele! Denke daran, dass auch du irren kannst!

Sei gewaltlos! Enthalte dich verletzender Worte und Handlungen! Enthalte dich verletzender Gedanken! Handle offen, nicht verdeckt! Keine Zusammenarbeit mit Strukturen und Personen, die Übles anrichten!

Versuche, deinen Gegner zu verstehen! Unterscheide zwischen Gegnerschaft und Gegner! Unterscheide zwischen der Person und ihrem Status! Versuche, dich in die Situation deines Gegners einzufühlen! Sei flexibel beim Abgrenzen von Parteien und Personen. Oft sind die Fronten weniger verhärtet, als man glaubt!

Sei großzügig! Nutze nicht die Schwächen deines Gegners! Beurteile den Gegner nicht strenger als dich selbst! Vertraue deinem Gegner! Setze den Gegner keinem Zwang aus!

Mahatma und das Leben: Glück ist lernbar

13. Wie eine Weide im Wind – Krisen meistern mit Mahatma

»Wer ständig über seine Nöte spricht, vervielfacht sie.«
Mahatma Gandhi

Gandhi hat in seinem Leben zahlreiche Rückschläge und Niederlagen einstecken müssen. Doch er nimmt sie mit großer Gelassenheit hin. Dies gilt vor allem für jene Rückschläge, die ihm von außen beigebracht werden.

So interpretiert er seine zahlreichen Gefängnisstrafen nicht etwa als Demütigung, sondern als einen Beweis dafür, dass man ihn und seine Agitationen ernst nimmt. Außerdem gibt es, so sagt er, schlimmere Orte als eine Gefängniszelle (die damals noch deutlich ärmlicher ausgerüstet war als heute!), und ein wahrer Satyagrahi bemüht sich darum, »aus dem Gefängnis einen Palast zu machen«. Für Gandhi ist es logisch, dass er immer wieder ins Gefängnis gesteckt wird. Es wäre sogar suspekt und verwunderlich, wenn das nicht geschähe. Denn wer unter einem Unrechtsregime unbehelligt in Freiheit herumlaufen darf, ist prinzipiell verdächtig, für eben dieses Regime eine nützliche Säule zu sein. Dazu gibt es nur eine

Alternative: »Unter einer ungerechten Regierung ist das Gefängnis der angemessene Platz für einen gerechten Menschen.« Und deswegen kann Gandhi tatsächlich ohne jede Ironie bei einem seiner Haftantritte in Südafrika von sich behaupten: »Ich bin glücklich, wieder ins Gefängnis zu gehen. Das einzig Bedauerliche ist, dass ich nur drei Monate Gefängnis erhielt, während andere Satyagrahi-Kämpfer sechs Monate bleiben dürfen.«

Auch andere Schicksalsschläge erträgt Gandhi mit stoischem Gleichmut. Egal, ob ihn das südafrikanische Regime hinters Licht führt oder ihn die Hindus als heimlichen Muslimen und die Muslime als typischen Hindu beschimpfen – Gandhi lässt sich weder entmutigen noch beirren. Als allerdings 1944 während eines weiteren Arrests durch die Briten seine Frau Kasturba stirbt, weint er bitterlich. Hart trifft ihn auch, dass zur gleichen Zeit sein Sekretär Mahadev das Zeitliche segnet, denn mit ihm verbindet Gandhi mehr als mit seinen eigenen Söhnen. Nichtsdestoweniger schaltet sich der über 75-Jährige mit gewohntem Engagement in die indisch-britischen Freiheitsverhandlungen ein – und die sind zu dieser Zeit überaus problembeladen und aggressiv. Überall schlagen Hindus und Muslime aufeinander ein, überall herrschen Gewalt und Terror. Doch Gandhi denkt nicht ans Aufhören, obwohl ihm das aufgrund seines fortgeschrittenen Alters sicherlich niemand übel genommen hätte. Er schreitet am 13. Januar 1948 noch einmal zu einer knüppelharten Fastenkur. Und tatsächlich: Die befeindeten Lager treffen sich an Gandhis Fastenlager, um ihm Frieden zu schwören. Er beendet seine Hungeraktion, doch am 30. Januar trifft ihn die Kugel eines fanatischen Hinduisten.

Gandhi gehört ohne Zweifel zu jenen Menschen, die man aus heutiger Sicht als »resilient« bezeichnen würde, da er sich selbst durch härteste Schicksalsschläge nicht entmutigen lässt. Und es sind folgende »Imperative der Resilienz«, die ihn dazu machen:

- Akzeptiere, dass der Pechkübel stets gleichmäßig ausgeschüttet wird!
- Du bist kein Opfer!
- Nimm Rückschläge nicht als persönliche Niederlagen!
- Nichts ist selbstverständlich!
- Denke weniger an deine Zukunft!
- Verlangsame dein Tempo!

Akzeptiere, dass der Pechkübel stets gleichmäßig ausgeschüttet wird!

Gandhi betont, dass sich die Menschen nicht großartig darin unterscheiden, was ihnen an Glück oder Unglück widerfährt, wohl aber darin, wie sie darauf reagieren. Er lehnt es deshalb ab, Mitleid für das indische Volk zu empfinden, das er zum großen Teil für mitverantwortlich an der eigenen Misere hält und nicht für das unschuldige Opfer einer übermächtigen Kolonialpolitik. Denn: »Die Briten haben Indien nicht eingenommen, wir haben es ihnen übergeben.«

Untersuchungen amerikanischer Wissenschaftler bestätigten Gandhis Sicht der »Demokratie der Schicksalsschläge«. Demzufolge gibt es im wirklichen Leben weder die »Pechmarie« noch den »Hans im Glück«. »Wenn eine Person viele negative Erfahrungen macht«, erklärt der Psychologe Ed Diener, »dann hat sie mit großer Wahrscheinlichkeit gleichzeitig auch positive Erlebnisse und umgekehrt.« Dies bedeutet: Gleichgültig, ob wir es mit jemandem zu tun haben, der in einer Automobilfirma Herr über 1 000 Angestellte ist, oder mit jemandem, der in der Schlange des Arbeitsamtes steht, beide erfahren Glück und Unglück in etwa gleichem Verhältnis. Möglich, dass Qualität und Quantität ihrer Erlebnisse und Handlungen unterschiedlich sind, doch der relative Quotient von Glück und Pech fällt bei ihnen ähnlich aus.

Natürlich mag es auch menschliche Schicksale geben, in denen sich eine aberwitzige Häufung von Unglücksfällen findet. Doch das ist die Ausnahme. Denn bei näherer Überprüfung der Unglücksgeschichten, wie sie in Kneipen, Kantinen, Cafés und Selbsthilfegruppen ausgebreitet werden, erweisen sich viele von ihnen als Übertreibungen oder sogar als blanke Märchen. Tatsache ist vielmehr, dass es Menschen gibt, die aktiv sind, ein hohes Risiko eingehen und viel tun. Denen passiert allein aufgrund ihrer größeren Handlungssumme mehr Positives, aber auch mehr Negatives im Leben als jenen, die passiv sind, ein geringes Risiko eingehen und wenig tun. In ihrem Verhältnis von Glück und Unglück unterscheiden sich die Lebensläufe von Aktiv- und Passivmenschen jedoch nicht sonderlich voneinander. Es besteht also auch da kein Grund für die – letzten Endes eitle und ichbezogene – Annahme, vom Schicksal in besonders hartem Maße getroffen zu sein. Wer mit seinem Schicksal hadert, weil ihm angeblich so viel Pech passiert, handelt nicht nur unfair, er betrügt sich selbst.

Du bist kein Opfer!

Vor allem auf seinen Reisen durch Indien muss Gandhi erkennen: Krisen alleine können schon schlimm sein, doch sie werden noch schlimmer, wenn man sich in ihnen als Opfer sieht. Denn eine solche Betrachtungsweise löst keine Krisen, sie verschärft sie nur, weil die Opferrolle uns in eine Demutshaltung gegenüber den angreifenden Raubtieren bringt und schließlich zur devoten Komplettlähmung führt.

Also: Hüten Sie sich davor, sich in Ihren Krisen als Opfer zu sehen. Hüten Sie sich vor Formulierungen wie »Die da oben tun doch sowieso, was sie wollen!«, »Was soll man da schon machen?«, »Niemals werde ich glücklich sein!«, und »Nach so einer Erfahrung würdest auch du nichts mehr wagen!«. Solche Gedanken sind, wie es der Buddhismus auszudrücken pflegt, wie ein Stück »morsches Holz«, das dementsprechend entsorgt werden will. Also weg damit, ohne darüber zornig oder traurig zu sein, sondern einfach mit dem Gefühl, etwas wegzuwerfen, das weder Ihnen noch anderen Menschen (außer vielleicht Ihren Feinden!) Nutzen bringt.

Nimm Rückschläge nicht als persönliche Niederlagen!

Von diesem Aspekt war schon in Kapitel 12, im Zusammenhang mit der Konfliktbewältigung die Rede. Er hat auch für unser Krisenmanagement Bedeutung. So sagt Gandhi: »Der wahrhafte Satyagrahi kennt nicht den Begriff der Niederlage.« Was konkret bedeutet, dass ein Satyagrahi prinzipiell nicht verlieren kann, weil er sein Ich aus dem Weltgeschehen zurückgenommen hat und sein Handeln ganz in den Dienst der Wahrheit stellt, ohne auf mögliche Gewinne zu schielen. Ähnlich wie ein Fußballer, der sich in den Dienst der Mannschaft stellt, ohne die Spielerbeobachter zu registrieren, die ihn von der Tribüne aus verfolgen.

Beide, der Ich-überwindende Satyagrahi genauso wie der mannschaftsdienliche Kicker, empfinden ihr Dasein in erster Linie als Dienst an einer übergeordneten Sache. Das macht sie stark und bringt sie durch alle möglichen Krisen. Weil sie nämlich nicht nur ihre Siege unpersönlich nehmen, sondern auch ihre Niederlagen. Sie empfinden eine Niederlage gar nicht mehr als solche, sondern als einen weiteren Stein auf dem Weg in Richtung Wahrheit, Erfüllung und Erfolg. Der Misserfolg wird für sie, was die persönliche Entwicklung angeht, sogar wertvoller als der Sieg, weil man durch ihn Fehler und Irrtümer erlebt, an denen man wachsen kann.

Voraussetzung ist freilich, dass man sämtliche Fehler und Irrtümer schonungslos aufdeckt – oder aufdecken lässt. Weswegen Gandhi stets großen Wert darauf legt, dass man sich ihm gegenüber im Gespräch nicht zurückhält. Lobhudelei und falsch verstandener Respekt sind ihm zuwider. Denn: »Von Kritik kann ich profitieren, vom Lob aber niemals.«

Nichts ist selbstverständlich!

Es gehört zu den ethischen Grundsätzen Gandhis, dass wir uns nie auf unseren Lorbeeren ausruhen dürfen, ja, noch nicht einmal daran denken dürfen, sie in irgendeiner Form zu erwerben. Denn das mündet zwangsläufig darin, dass wir die Dinge, derer wir eigentlich sicher sind, schließlich verlieren. Zwei Beispiele: Wenn sich die Ehepartner in ihrer Beziehung ausruhen und nach dem Motto leben: »Jetzt kennen wir uns schon lange genug, was soll da noch passieren«, endet die Ehe schließlich in dumpfer Gleichgültigkeit und gegenseitigen Vorwürfen. Wenn sich ein Unternehmen auf einem gut gehenden Produkt ausruht und nicht ständig nach neuen Ideen und Impulsen sucht, werden auch seine Tage gezählt sein. Nur wer nichts für selbstverständlich hält, egal, ob es die Ehe ist oder der vermeintlich sichere Absatzmarkt, schützt sich davor, von Krisenereignissen unvorbereitet überrumpelt zu werden.

Nehmen Sie also nichts als selbstverständlich hin! Sie haben einen guten Job? Schön für Sie, doch sofern Sie das für selbstverständlich halten, werden Sie ihn schon bald verlieren. Spätestens dann, wenn es in Ihrem Unternehmen kriselt. Wobei das Verlieren direkt oder indirekt ablaufen kann. So verlieren Sie Ihren Job direkt, wenn Sie gekündigt werden. Aber Sie verlieren ihn auch dann, indirekt, wenn Sie keinen Spaß mehr an ihm haben und die innere Kündigung vollziehen.

Mag sein, dass die Aufforderung, nichts als selbstverständlich hinzunehmen, im ersten Moment unerträglich anstrengend klingt. Doch sie ist es eigentlich gar nicht. Erinnern Sie sich noch an Corinna und Kai in Kapitel 11? Corinnas Stärke lag darin, dass sie nichts für selbstverständlich hielt, sondern alle Dinge im Leben mit voller Ernsthaftigkeit anging, ganz gleich, ob das ihr Studium oder ein Smalltalk mit einem ihrer Kneipengäste war. Für Kai war hingegen alles selbstverständlich. Seine *Financial Times* unter dem Arm genauso wie der Managerjob, den er später im Familienbetrieb übernehmen sollte. Corinna hat ihren Weg gemacht, Kai nicht. Auf dem Weg zu Glück und Erfolg dürfen eben nicht zu viele Selbstverständlichkeiten liegen.

Denke weniger an deine Zukunft!

»Wenn wir weise sind, bekümmern wir uns um die Gegenwart, dann wird sich die Zukunft schon um sich selber kümmern.«

Mit diesem Satz bringt Gandhi treffend zum Ausdruck, dass wir uns nicht vergeblich in hektischem Aktionismus um die Gestaltung der Zukunft bemühen, sondern in der Gegenwart nach Lösungen suchen sollten. Hüten wir uns also vor Gedanken wie »Was wäre, wenn?«, »Was wird die Zukunft bringen?« oder »Wie kann ich mich demnächst vor diesem oder jenem schützen?«! Denn solche Konstrukte sind zwar typisch für Krisensituationen, doch letzten Endes repräsentieren sie nackte Angst – und wer Angst hat, kann sich nicht in gebührendem Maße um die Gegenwart kümmern.

Aus demselben Grund spricht sich Gandhi übrigens gegen finanzielle Vorsorgemaßnahmen wie Rente, Lebensversicherungen und Sparguthaben aus. Damit werde bloß Vermögen angehäuft, zu Lasten der Menschen und Probleme, die gerade in der Gegenwart Hilfe brauchen. Wer hingegen auf die Kräfte der Natur und auf die eigenen Kräfte vertraut, kann sich darauf verlassen, auch in der Zukunft versorgt zu sein. Mit diesem Ansatz steht der Mahatma freilich in starkem Kontrast zu unserem Gesellschaftsmodell, das auf Altersabsicherung und Risikovorsorge gegründet ist. Nichtsdestoweniger lohnt sich ein Nachdenken darüber, ob wir mit unserem Bemühen, uns gegen alle möglichen Unwägbarkeiten des Lebens abzusichern, nicht viel von unserer Handlungsfähigkeit einbüßen, wenn es um die Lösung aktueller Probleme geht.

Verlangsame dein Tempo!

Je größer das Erschrecken, desto intensiver wird die Lösung in der Beschleunigung gesucht. Diese Taktik liegt uns sozusagen in den Genen, als Relikt aus uralten Zeiten, als es noch sinnvoll war, in Anbetracht drohender Gefahren so schnell wie möglich zu reagieren, die Flucht zu ergreifen oder sich vor dem Angriff eines Höhlenbären oder einer Steinlawine zu schützen.

Heute bringt diese Strategie jedoch nur wenig. Die Anforderungen sind mittlerweile weitaus komplexer als früher, sodass ein abrupter Wechsel der Gangart am ehesten den Misserfolg beschleunigt, der dann seinerseits für neue Beunruhigung sorgt, sodass man schließlich in einem Circulus vitiosus der Fehlschläge herumrennt wie ein Hamster in seinem Laufrad.

Gandhi hat sich immer geweigert, sich in dieses Laufrad von Angst und Aktionismus einspannen zu lassen. Vor allem in Indien sieht er sich fortwährend von Gegnern, aber auch von Freunden unter Druck gesetzt, auf bestimmte politische Situationen so schnell wie möglich zu reagieren. Er aber weigert sich. Er behält seine Taktik bei, erst dann aktiv zu werden, wenn er sich ein persönliches Urteil gebildet hat. Wobei der Mahatma kein Zauderer ist, sondern genau spürt, wann Handeln nicht mehr aufgeschoben werden darf. Denn er weiß um die eigentümliche Dialektik von Langsamkeit und Schnelligkeit, die von dem Schriftsteller Sten Nadolny in seinem Buch *Die Entdeckung der Langsamkeit* so treffend beschrieben wurde:

»Es gibt eine Dialektik, die zu durchschauen nützlich ist: Was in Monaten vorbereitet wurde, zahlt sich in Minuten aus, und was in Sekunden verkehrt gemacht wird, beeinflusst ganze Jahre negativ. Daher ist es angebracht, sich sowohl auf Jahre als auch auf Sekunden einzustellen.«

Coping: Vier wissenschaftlich fundierte Regeln zur Krisenbewältigung

In den Wissenschaften ist es die so genannte Coping-Psychologie, die sich mit dem Bewältigen von Krisen auseinander setzt. Ihre Ratschläge:

Erzählen! Wer jemandem seine Geschichte erzählt, entlädt damit nicht nur aufgestaute Kummerpotenziale, er sorgt auch dafür, dass sich ihm selbst seine Probleme in größerer Klarheit darstellen. Voraussetzung dafür ist jedoch, dass wir einen guten Zuhörer finden. Außerdem sollten wir ehrlich zu uns sein, uns nicht selbst durch Schön- oder Dunkelfärberei oder durch Schuldzuweisungen belügen. Denn damit (fehl-)interpretieren wir nur unsere Situation, ohne sie ändern zu wollen.

Die »Mir-geht-es-ja-noch-super!«-Taktik. Schon unsere Eltern rieten uns zu dieser Strategie, wenn wir mal wieder zu viel gejammert haben. Dennoch schlagen wir in Krisensituationen nur selten diesen Weg ein. Er besteht im Wesentlichen darin, dass wir für unsere momentane Situation die richtigen Vergleiche wählen. Wer also Krebs im Frühstadium diagnostiziert bekommt, sollte sich nicht mit gesunden Menschen vergleichen, sondern mit jenen, die bereits Krebs im Spätstadium haben. Und wer Ärger mit seinem Chef hat, sollte sich mit jenen vergleichen, die gar keinen Chef haben, weil sie nämlich keine Arbeit haben.

Vorsicht vor »Think positive«! Das positive Denken liegt zwar im Trend, doch zur Krisenbewältigung taugt es nur wenig, weil es negative Empfindungen nicht bewältigt, sondern lediglich wegparkt – und von den unbewussten Parkplätzen der Seele kommt das Negative dann irgendwann wieder hoch. Seriöse Psychotherapeuten beklagen, dass die »Think-positive«-Welle der letzten Jahre zahlreiche zwanghafte Dauergrinser und pathologische Realitätsflüchter produziert hat.

Geben Sie Ihrer Krise einen Sinn! Gute »Coper« versuchen, schwere Krisen in ihre Lebensgeschichte zu integrieren. Typisch ist beispielsweise, wenn Menschen nach gesundheitlichen Tiefpunkten bekräftigen, dass sie jetzt endlich wüssten, »was wirklich wichtig im Leben ist«. Wer berufliche Krisen durchlebt, hat schon viel zu ihrer Bewältigung beigetragen, wenn er begreift, durch sie etwas für die Zukunft gelernt zu haben. In jedem Falle sollte der »Erkenntnisgewinn« aus der Krise kein bloßes Vorurteil sein. Wer beispielsweise nach einer verpatzten Beziehung meint, dass er niemals mehr einem anderen Menschen vertrauen kann, verbaut sich nur den Weg zurück ins Leben. Denn Misstrauen führt, wie wir in Kapitel 8 gesehen haben, nur zur Stagnation.

14. Entspannen statt hecheln – Abschied vom Fitnesswahn

> *»Stärke leitet sich nicht von den körperlichen Möglichkeiten her. Sie entsteht durch einen unbezwingbaren Willen.«*
>
> *Mahatma Gandhi*

Rein äußerlich betrachtet ist auch Gandhi ein Workaholic. Mit Ausnahme der sechs Stunden, die er in der Nacht schläft, ist er ständig aktiv. Sein Arbeitspensum kennt keine Pause, denn irgendetwas macht er immer: Er spinnt Garn, schreibt Briefe, führt Unterredungen, leert die Latrinen, entsorgt den Müll, kümmert sich um die Erziehung der Kinder und die Versorgung der Kranken. Unvorstellbar, dass Gandhi am Ganges steht, um dort seine Angel auszuwerfen und zu entspannen. Unvorstellbar, dass er ein Buch »einfach nur so liest«, um die Seele baumeln zu lassen, denn wenn der Mahatma liest, dann soll ihm das stets neue Erkenntnisse und Anregungen geben. Absolut unvorstellbar schließlich, dass er irgendeiner Sportart nachgeht wie Fußball oder Golf, konstatiert er doch einmal, »dass nur sehr wenige dieser Spieler mit nennenswerter mentaler Kraft ausgestattet seien«, wobei wir annehmen dürfen, dass er unter »mental« etwas anderes versteht als Boris Becker, der diesen Begriff permanent auf der Zunge trägt.

Selbst beim Essen findet Gandhi nicht zur Entspannung, dazu ist es ihm zu unbedeutend, eine Sache, die man eben tun muss, um nicht vom Fleisch zu fallen. Spirituosen und dergleichen kommen für den spirituellen Anti-Alkoholiker Gandhi ebenfalls nicht infrage, Zigaretten und andere Tabakerzeugnisse schon gar nicht: »Rauchen stumpft das Gewissen ab, manchmal sogar stärker als der Alkohol, weil es weniger auffällig ist.« Gandhi als entspannter Pfeifenraucher, wie so viele andere große Persönlichkeiten der Weltgeschichte? Absolut unvorstellbar.

Jetzt könnte man natürlich vermuten, dass Gandhi als typisches Kind Asiens sich auf Entspannungstechniken wie Yoga und transzendentale Meditation versteht. Tatsächlich hat er vor solchen Übungen großen Respekt, weshalb er die Meditation gegen die Kritiker aus dem Westen verteidigt, die ihr vorwerfen, die menschliche Seele bloß aus der Realität abtauchen zu lassen: »Man wird nicht stumpf, wenn man beständig in der Meditation ist. Wer beständig in der Meditation ist, wird fest und klar.« Andererseits warnt er davor, religiöse Techniken zu weltlichen Zwecken wie der Entspannung zu benutzen. Das hält er für eine grobe Missachtung der Religion. Für die zahlreichen Esoterikanhänger in unseren Breiten, die per Mantra ihr eigenes Seelenheil finden wollen, hat Gandhi kein Verständnis: »Wir sollten aus den heiligen Mantras keinen weltlichen Gewinn zu ziehen versuchen. Die typische Kraft dieser Mantras besteht darin, dass sie über unsere persönliche Reinheit wachen.« So betreibt Gandhi, obwohl man ihn im Westen mitunter als »verrückten Yogi« beschimpft, in seinem Leben, von einigen unerheblichen Experimenten abgesehen, kein Yoga, und auch die Meditation erhält bei ihm nicht annähernd den Stellenwert wie zum Beispiel im Zen-Buddhismus. Mitunter hat man sogar den Eindruck, dass er unter Meditieren generell das intensive Nachdenken versteht, vor allem aber das Nachdenken über sich selbst und die eigene Fehlbarkeit.

Nichtsdestoweniger hat niemand den Eindruck, dass Gandhi während seiner zahllosen Aktivitäten irgendwann einmal ausbrennen könnte. Er wirkt frisch und unverbraucht bis ins hohe Alter, der typische Zynismus von Menschen, die sich für eine Sache aufgerieben haben, bleibt ihm fremd. Ein Geheimrezept freilich hat er für diese entspannte Fitness nicht, denn sein Leben ist viel zu öffentlich, als dass Gandhi überhaupt irgendein Geheimnis haben könnte. Der Schlüssel dazu liegt in regelmäßiger körperlicher Bewegung und in der Art und Weise, wie Gandhi an seine täglichen Pflichten herangeht.

Sei zufrieden, wo du gerade bist!

Sie sitzen im Auto, um damit zu einem wichtigen Termin zu fahren. Sie haben nicht mehr viel Zeit, doch es müsste reichen, noch pünktlich anzukommen. Dann passiert das Unvorhergesehene: Vor Ihnen ein Unfall, und schon bald stehen Sie mitten im Stau. Nervös trommeln Sie auf das Lenkrad, schimpfen auf die »Idioten, die heute noch nicht einmal mehr Auto fahren können«, auf die Polizei, »die nichts in den Griff kriegt«. Sie nesteln am Handy, überlegen sich, ob Sie Ihren Kunden informieren, dass Sie zu spät kommen werden. Doch Sie beschließen zu warten, denn es könnte ja sein, dass der Stau und sich damit auch Ihre prekäre Situation in Wohlgefallen auflöst. So geht es hin und her, ein Gedanke jagt den anderen, Sie werden immer nervöser.

Die klassische Stresssituation: Wir werden daran gehindert, dorthin zu kommen, wo wir hin wollen. Doch anstatt gelassen abzuwarten, lassen wir uns von zornigen Gedanken überwältigen, die rein gar nichts an der Situation ändern können – und die vor allem so viel Unruhe in uns hineinbringen, dass wir ebenso wenig hundertprozentig dort sind, wo wir uns im Augenblick befnden. Wir sind also noch nicht da, wo wir sein wollen, und auch nicht da, wo wir gerade sind. Das ist absolut sinnlos. Und weil es so sinnlos ist, setzt es uns unter akuten Stress.

Gandhi wäre das sicherlich nicht passiert. Denn die Menschen aus seiner Umgebung sind sich einig: Der Mahatma ist gerade da, wo er ist. Hundertprozentig. Wenn er mit einem Menschen redet, dann redet er mit diesem Menschen, ohne mit seinen Gedanken abzuschweifen. Wenn er an einer Sitzung teilnimmt, dann ist er auch geistig wirklich anwesend. (Als er einmal – ein einziges Mal – in einer Sitzung versehentlich eine falsche Stimme abgibt, macht er sich schwere Vorwürfe und zieht für sich ernsthaft Senilität in Betracht.) Selbst wenn er im Gefängnis sitzt, verschwendet er seine Energien nicht an sehnsüchtige Gedanken an die Freiheit, sondern bleibt ganz und gar dort, wo er gerade ist, nämlich hinter Gittern. Er nutzt den Gefängnisaufenthalt zum Spinnen, zum Schreiben von

Briefen – und, inspiriert durch die spärliche Knasternährung, zum Entwerfen einer Art Mahatma-Diät, die später zu den Säulen seiner Gesundheitsphilosophie wird.

Mit all diesen Aktionen zeigt Gandhi, worin die echte Kunst der Stressbewältigung besteht. Nämlich darin, voll in der jeweiligen Situation aufzugehen, seine Gedanken nicht an beunruhigende Dinge zu verschwenden, die man ohnehin nicht ändern kann.

Was kann ich ändern, was nicht?

Das Aufgehen im Augenblick ist ein Talent, das sehr unterschiedlich in uns angelegt sein kann. Doch auch die Ungeduldigen und Getriebenen unter uns können es bis zu einem gewissen Grad erlernen, indem sie sich vor Augen führen, dass Stress meistens sinnlos ist. Denn prinzipiell gibt es zwei Möglichkeiten, mit Stresssituationen fertig zu werden. Man kann seine Wünsche der Realität anpassen oder die Tatsachen zu verändern suchen. Im ersten Fall heißt die Frage: »Warum sollte ich unglücklich über etwas sein, wenn ich doch überhaupt keine Einflussmöglichkeiten habe?« Diese Frage wäre beispielsweise bei unserem Stauszenario angebracht. Im zweiten Fall heißt die Frage: »Warum sollte ich über etwas unglücklich sein, wenn ich doch die Möglichkeiten habe, etwas daran zu ändern?« Dieser Gedanke wäre beispielsweise angebracht, wenn Sie vor einer wichtigen Sitzung stehen oder vor einem 100-Meter-Lauf – beide Male haben Sie durchaus die Möglichkeit, das Geschehen durch eigene

Aktionen zu beeinflussen. Mit anderen Worten: Es ist egal, wie »grausam« die Welt zu Ihnen ist. Entweder können Sie nichts daran ändern, dann lohnt es sich nicht, sich darüber zu ärgern. Oder Sie können sehr wohl etwas daran ändern, und dann macht es erst recht keinen Sinn, sich darüber zu ärgern.

Lassen Sie sich diese logische Wahrheit einmal auf Ihrer »geistigen Zunge« zergehen, meditieren Sie einmal darüber! Sie werden sehen, dass viele Ihrer Stressmomente an Schärfe verlieren, wenn Sie sich vergegenwärtigen, was an dieser Situation von Ihnen verändert werden kann und was nicht. Sie werden sehen, dass es, wie Gandhi sagt, sinnvoller ist, nicht vergeblich irgendwo hin zu wollen, sondern wirklich da zu sein, wo man gerade ist.

Abschied von der Macht

Von den Verhaltensforschern wissen wir, dass Tiere, und hier vor allem die männlichen Exemplare, viele Energien darauf verschwenden, um sich im Machtkampf mit anderen zu behaupten. Beim Menschen sehen wir Ähnliches. Auch hier werden viele Energien für irgendwelche Machtspiele verschwendet. Man kann durchaus davon ausgehen, dass gut die Hälfte aller Stresssituationen dadurch zustande kommt, dass sich die Menschen in Hierarchiekämpfen aufreiben.

Jetzt könnten wir es uns natürlich einfach machen und sagen: »Wir Menschen sind ja auch irgendwie Tiere, und so müssen wir eben damit leben, dass wir uns ständig mit Macht- und Hierarchiekämpfen beschäftigen.« Für Gandhi ist dieses Argument inakzeptabel. Denn er ist davon überzeugt, dass sich der Mensch wesentlich vom Tier unterscheidet, weil er seinem Wesen nach für die Nichtgewalt bestimmt ist. Während das Tier in der durch Naturgesetze bestimmten Welt verharren muss, wo es um das Überleben des Stärkeren geht, kann der Mensch diese Sphäre der Gewalt verlassen, um sich zu seinem wahrhaften, zu seinem höheren Wesen zu entwickeln. Dies sei, so Gandhi, die Herausforderung an das Menschsein schlechthin, und speziell Menschen in Führungsrollen müssten, weil sie Vorbildfunktion haben, diese Herausforderung annehmen. Mit anderen Worten: Gerade diejenigen, die Macht besitzen, müssen vergessen, dass sie Macht besitzen – und sich ganz in den Dienst des wahren Menschseins stellen.

Das klingt idealistisch, doch Gandhi würde diese Haltung nicht vertreten, wenn sie nicht praktische Konsequenzen hätte. In der Tat zeigt ein Blick ins politische und wirtschaftliche Leben, dass es nicht die Machtmenschen sind, die wirklichen Fortschritt für ihre Unternehmen und Mitmenschen bringen, sondern die Dienenden. Weil die Machtmenschen dadurch, dass ihr System überwiegend auf Hierarchie und Angst aufgebaut ist, die produktiven Potenziale ihrer Umgebung unterdrücken, während es sich unter den Dienenden relativ stressfrei arbeiten lässt.

In der praktischen Konsequenz heißt das: Interpretieren Sie eine Beförderung auf eine Führungsposition nicht als Machtzuwachs, sondern in erster Linie als *neue*

Funktion. Denn der Sinn einer Beförderung liegt doch darin, einen Mitarbeiter auf eine Position zu bringen, die mehr als die vorherige seinen tatsächlichen Talenten und Fähigkeiten entspricht. Lehnen Sie sich also nicht wohlig in Ihren Chefsessel zurück, sondern überlegen Sie sich: Wo liegen meine neuen Aufgaben und Tätigkeiten? Was wird jetzt von mir erwartet? Wie kann ich diese Erwartungen optimal erfüllen? Machen Sie eine Bestandsaufnahme von dem Hier und Jetzt Ihres aktuellen Arbeitsgebietes, anstatt irgendwelche Machtansprüche durchzusetzen. Sie befreien dadurch nicht nur Ihre Mitarbeiter von unnötigem Druck, sondern auch sich selbst.

Obacht vor den inneren Antreibern!

In der Transaktionsanalyse (sie untersucht als Zweig der Psychologie die Wechselbeziehungen von Personen, Gegenständen und Situationen) spricht man von fünf »klassischen Antreibern«, die uns immer wieder verkrampfen lassen. Mit Mahatma lassen sie sich zum Teil wirkungsvoll entschärfen:

»Ich muss perfekt sein.« Dieser Satz dominiert mittlerweile nicht nur im Berufs-, sondern auch im Privatleben, beispielsweise in dem Bestreben, ein perfekter Liebhaber oder eine perfekte berufstätige Mutter zu sein. Hinter ihm steht die Auffassung, dass man nur dann etwas taugt, wenn man möglichst wenig Fehler macht. Besser: Akzeptieren Sie, dass es Perfektion nicht gibt, weder bei Ihnen, noch bei sonst jemandem. Außerdem ist es nicht Ihre Perfektion, sondern Ihre persönliche Integrität, aus der Sie selbst, ebenso wie Ihre Umwelt, den größten Nutzen ziehen. Wie sagt schon Gandhi: »Gute menschliche Beziehungen können nicht zustande kommen, indem wir unsere Fehler verstecken.«

»So schnell wie möglich.« Wer heute etwas länger nachdenkt oder geduldig auf etwas wartet, gilt als ängstlicher Zauderer. Gandhi ist das beste Gegenbeispiel, und auch Michelangelo erkannte schon: »Genius ist ewige Geduld.« Also drosseln Sie lieber Ihre Temposchraube!

»Ich muss stark sein.« Menschen, die sich diesen Satz auf die Fahne geschrieben haben, gehen davon aus, dass es im Leben bloß um Siege und Niederlagen geht. Doch wer so denkt, hat den größten Sieg noch nicht erringen können: den Sieg über die eigene Ichbezogenheit. Deshalb: Akzeptieren Sie, dass Ihre Rolle im Weltgeschehen unendlich klein ist!

»Mach es allen recht!« Das so genannte »Nettigkeitssyndrom«, womit die Unfähigkeit gemeint ist, Konflikte als etwas Positives betrachten zu können. Gandhi sieht das freilich anders: besser ein Konflikt als gar keine Beziehung.

»Streng dich an!« Natürlich sollten wir alles, was wir in Angriff nehmen, ernsthaft machen und uns dabei anstrengen. Doch wir sollten währenddessen nicht das Gespür dafür verlieren, wann unsere Anstrengungen sinnlos sind und wann unsere Akkus aufgeladen werden müssen. Denn schon Gandhi warnt: »Wer versucht, etwas zu tun, das seine Fähigkeit übersteigt, dem fehlt es an Weisheit.«

Meditatives Handwerken

Auch wenn Gandhi nicht ausdrücklich Tätigkeiten zu seiner Entspannung in den Alltag einbaut, macht er doch vieles, was zwischendurch zur Entspannung beiträgt. Hierzu gehört vor allem das Spinnen, das er sich per Gelübde als tägliches Ritual auferlegt hat. Er genießt es, dabei seinen Gedanken freien Lauf zu lassen. Die (für ihn) einfache Tätigkeit am Spinnrad gibt ihm die Möglichkeit, seine Gedanken fließen zu lassen, ohne sie auf ein bestimmtes Ziel dirigieren zu müssen. Wir können davon ausgehen, dass wir den Mahatma nicht in dem Maße als kreativen Politiker, Visionär, Manager und Denker erlebt hätten, wenn er seine Gedanken nicht in seinen meditativen Spinnübungen regelmäßig von der Leine gelassen hätte. Wobei zu betonen ist, das auch das letzten Endes ein Produkt seiner grandiosen Selbstbeherrschung ist. Denn das Spinnen installiert Gandhi genauso diszipliniert und unerbittlich in seinen Alltag wie alles andere, was er sich an Pflichten auferlegt.

Natürlich ist das Spinnen nicht jedermanns Sache. Doch von dem Prinzip, ein einfaches, aber nicht abstumpfendes Handwerk als Ritual in den Alltag einzubauen, könnten wir auch heute profitieren. Und das unter Umständen sogar wesentlich mehr als von den zahlreichen Entspannungstechniken, die derzeit die Runde machen, weil es nämlich unserem abendländischen Drang entgegenkommt, die Zeit mit etwas Sinnvollem auszufüllen. Spinnen, aber auch Malen, Fotografieren, Gartenarbeit und Musizieren sind Arbeiten, die ein Produkt abwerfen und dadurch einen Sinn ergeben. Wie nebenbei lenken sie zudem unsere Gedanken weit genug vom Alltag ab, sodass wir in ihnen zu einer tiefen Entspannung finden.

Gehen statt Joggen

Eine andere Tätigkeit, die zu Gandhis Entspannung beiträgt, ist das Wandern, obwohl er zunächst aus Verlegenheit dazu findet, weil ihm in seiner Studienzeit in England das Geld für Busse und Bahnen fehlt. Später jedoch macht Gandhi daraus eine bewusste Tugend, die den Geist entspannt und den Körper fit hält. In seinem Buch *Health Guide* beschreibt er das »Walking« als die »Königin aller Bewegungsübungen«. Gandhis Empfehlung für die Länge der zurückzulegenden Strecke: 10 bis 12 Meilen, also nicht weniger als 15 Kilometer. Das schafft man natürlich nicht durch Schaufensterbummel, sondern nur durch regelmäßiges Training. Nicht umsonst haben einige von Gandhis Mitstreitern Probleme, als sie sich mit dem Mahatma auf den legendären Salzmarsch begeben.

Wissenschaftler bestätigen, dass Gandhi mit seiner Wertschätzung für das Walking genau richtig liegt. Eine amerikanische Studie an 73 000 Frauen aus dem Jahr 2002 ergibt, dass schon 45 Minuten Spaziergang pro Woche ausreichen, um das Risiko von Schlaganfällen und Herzinfarkten deutlich zu senken. Optimal für die Gesundheit ist es, eine Stunde am Tag als Fußgänger aktiv zu sein. Dann nämlich sinkt das Risiko für Herz-Kreislauf-Erkrankungen im Verhältnis zu überwiegend sitzenden Personen um etwa 50 Prozent.

Auch die *Deutsche Zeitschrift für Sportmedizin* begrüßt das Walking als »überaus günstige Bewegungsform«, weil dabei die Stoßbelastungen weitaus geringer ausfallen als beim Joggen. Aus ihrer Erfahrung mit Walking-Gruppen wissen die Sportwissenschaftler, dass die Trainierenden besser zu motivieren sind als in Läufergemeinschaften. Wahrscheinlich deshalb, weil man weniger ins Schwitzen kommt, die Gelenke weniger schmerzen – und man sich als eher unsportlicher Mensch beim Gehen weniger blamieren kann als beim Joggen.

Älteren Gesundheitssportlern empfiehlt der Sportmediziner Markus Schwarz ein Tempo von 5 bis 6,5 Kilometern pro Stunde, normal leistungsfähige Walker sind hingegen bei einem Tempo von 6,5 bis 8 Kilometern die Stunde gut aufgehoben. Das liegt immer noch etwas unter der Geschwindigkeit, die Gandhi mit seinen Sandalen als 60-Jähriger vorlegen konnte.

15. Sanften Erfolg kann man essen – Die Mahatma-Diät

»Wer die wahre Gesundheit erlangen will, muss den Gaumen besiegen.«

Mahatma Gandhi

Die meisten von uns kennen Gandhi als wegweisenden Politiker, Reformer und Philosophen, nicht aber als jemanden, der medizinische und gesundheitspolitische Schriften verfasst hat. Tatsache ist jedoch, dass Gesundheit ein wichtiges Thema für ihn ist. Schon in seiner Jugend experimentiert er mit unterschiedlichen Gesundheitstechniken, auch mit unterschiedlichen Diäten, getragen von der Überzeugung, dass wir unsere Leidenschaften nur besiegen können, »wenn wir auch den Gaumen unter Kontrolle haben«.

Die Medizin als heimtückische Verführerin

Gandhi ist ein strikter Vertreter der Naturheilverfahren und ein ebenso energischer Kritiker der wissenschaftlichen Medizin. Er hält sie für eine heimtückische Verführerin, die den Menschen dazu verleitet, sich gehen zu lassen und leichtfertig gesundheitliche Risiken in Kauf zu nehmen. Als Beispiel nennt er einen Mann, der zu viel isst. Er bekommt Magen-Darm-Beschwerden, doch anstatt daraus seine Lehren für sich zu ziehen, geht er zum Arzt, der ihm mehrere Arzneien verordnet – mit der Folge, dass der Patient die Medikamente schluckt, seinen ungesunden Lebenswandel beibehält und weiter im Nahrungsüberfluss schwelgt.

Für einen Satyagrahi ist diese Vorgehensweise nicht akzeptabel, weil sie die moralische Verfehlung, die Gier des Patienten, unberührt lässt und weil es in ihr nur so von Gewalt wimmelt. Denn letzten Endes ist nicht nur das Verhalten des Arztes, der mit seinen Medikamenten natürliche Symptome unterdrückt, ein Akt der Gewalt, sondern auch das Verhalten des Patienten, der mithilfe der Arznei fortfahren kann, seinen Körper mit falscher Ernährung zu drangsalieren.

Gandhis Fazit: Die moderne Medizin ist unmoralisch, weil sie statt Selbstbeherrschung das verhängnisvolle Dreigestirn von Schwelgen, Gewalt und Gier unterstützt. Richtige Medizin muss die Selbstbeherrschung und Unabhängigkeit des Menschen fördern. Denn auch in Fragen der Gesundheit ist der Mensch in erster Linie selbst verantwortlich.

Heile dich selbst!

Wie in seiner ganzen Philosophie geht es Gandhi in seinen Gesundheitstechniken darum, den Menschen nicht zu manipulieren, sondern in seinem Streben nach Unabhängigkeit zu fördern. Vor diesem Hintergrund erscheint es nahe liegend, warum Gandhi die Naturheilverfahren bevorzugt. Hier werden die Selbstheilungskräfte des Menschen mobilisiert, anstatt ihn durch Manipulationen von außen in Richtung einer – oft nur kurzfristigen und oberflächlichen – Pseudo-Gesundheit zu dirigieren.

Was Gandhi vorschwebt, ist ein einfaches Naturheilverfahren, »in dem jeder sein eigener Arzt sein kann«. So beginnt er schon früh damit, seine eigenen Erfahrungen mit Naturheilmitteln zu sammeln, um sie weitergeben zu können. Wobei er nicht nur ins Blaue hineinexperimentiert, sondern sich in der entsprechenden Literatur kundig macht und Kontakt zu hochkarätigen Wissenschaftlern unterhält. In seinen Bemühungen um die menschliche Gesundheit, so beobachtete es sein Biograf Vanamali Gunturu, »begegnet man in Gandhi einem Naturwissenschaftler, der nach objektiven Wahrheiten im Interesse der armen Massen suchte, jenseits von Nationalismus, religiöser Sentimentalität und Tradition«.

Befreie deinen Atem!

Der Atmung kommt in vielen asiatischen Philosophien eine Schlüsselrolle zu. So auch bei Gandhi. Er weiß, dass sie als Vermittler zwischen dem Unbewussten (Atmung funktioniert, ohne dass wir daran denken) und dem Bewussten (wir können den Atem verlangsamen oder beschleunigen, wie es uns beliebt) in unserem körperlich-geistigen Befinden eine zentrale Bedeutung hat. Ein blockierter Atem beeinträchtigt nicht nur unseren Körper, sondern auch unsere Seele.

Das Atmen durch die Nase ist am gesündesten, da auf diesem Weg die Atemluft vor ihrem Eintritt in die Lungen gereinigt wird. Deshalb fordert Gandhi die uralte Yoga-Tradition des Nasenspülens.

Eine Studie von Prof. Thomas Schmidt von der Medizinischen Hochschule Hannover an 88 Bundeswehrrekruten bestätigt die Richtigkeit der Gandhischen Empfehlung. 27 Rekruten spülten hier morgens und abends sechs Wochen lang die Nase und führten währenddessen ein »Beschwerdetagebuch«, die übrigen 61 dokumentierten ebenfalls ihre Beschwerden, nahmen aber keine Nasenspülung vor. Das Ergebnis: In den letzten drei Wochen war die Zahl der Krankentage der spülenden Rekruten um das Sechsfache geringer als die der nicht spülenden Kollegen. Es mag dem Leser überlassen bleiben, ob er diesen alten Brauch heute noch für zeitgemäß hält oder nicht. Auf jeden Fall jedoch sollten wir auf eine ruhige und gleichmäßige Atmung achten, die unsere innere Stärke nach außen trägt und uns dabei hilft, auch in Zeiten der hektischsten Betriebsamkeit einen ruhenden Punkt in unserem Körper zu bewahren.

Nutze die Heilkraft von Erde und Wasser!

Dass Erde heilen kann, erlebt Gandhi das erste Mal während seiner Zeit in Südafrika. Er beobachtet, wie dort die unterschiedlichsten Erkrankungen mit Erde behandelt werden. Ob sie allerdings auch, wie Gandhi später einmal behauptet, gegen Schlangenbisse hilft, muss bezweifelt werden.

Ansonsten bewegt sich Gandhi mit seiner Verehrung für die Heilkraft der Erde und des Wassers auf einer Linie mit Sebastian Kneipp (1821–1897) und Emanuel Felke (1856–1926), der wegen seiner Erdtherapie als »Lehmpastor« bezeichnet wird. Nicht vergessen dürfen wir darüber hinaus, dass das Wasser als Heilmittel in Indien schon seit Jahrtausenden gebräuchlich ist. Auch heute noch kommen Wasser, Fango, Schlick und Lehm sowie die eigentliche »Heilerde« zum Einsatz, vor allem in naturheilkundlich orientierten Kliniken. Heilerde kann zudem bei den verschiedensten Krankheiten problemlos in Eigenregie verwendet werden.

Die besondere Eigenschaft der Heilerde besteht darin, dass sie überaus wirksam gelöste und gasförmige Stoffe absorbieren kann. Insbesondere Wasserstoffionen werden gebunden, und da die typisch für Säuren sind, gehört Löss zu den fleißigsten Säurepuffern der Naturheilkunde. Durch diesen Effekt wird er zu einem Heilmittel gegen Sodbrennen, Gastritis, Durchfall sowie Reizdarm und Reizmagen mit Verstopfung. Äußerlich hilft er bei Insektenstichen und Prellungen sowie nässenden Ekzemen, Wunden und Geschwüren.

Interessant ist, was Gandhi zum Trinken ausführt. So schließt er sich nicht der oft zu hörenden Empfehlung an, dass wir, um nicht das Hungergefühl zu irritieren, zu den Mahlzeiten aufs Trinken verzichten sollen. Andererseits dürfen wir seiner Meinung nach keinesfalls mit

Trinken nachhelfen, wenn ein Nahrungsmittel in der Speiseröhre festsitzt und nicht so recht herunterrutschen will. Gandhis Begründung: »Wenn sich Nahrung weigert, allein nach unten zum Magen zu gehen, bedeutet das in der Regel, dass es schlecht zerkaut wurde, oder aber, dass der Magen es nicht mehr gebrauchen kann.« Wenn uns also das Essen im Halse sitzt, ist das ein Hinweis darauf, dass wir es zu hastig oder aber überflüssigerweise verschlungen haben. Es ist ein Hinweis auf unsere Gier. Dafür sollten wir, so sieht es der kategorische Moralist Gandhi, bestraft werden, um daraus zu lernen, anstatt uns durchs Trinken Erleichterung zu verschaffen.

Nutze die Heilkraft deiner Nahrung!

Die Ernährung spielt in Gandhis Gesundheitslehre sicherlich eine Hauptrolle, wobei er allerdings vor Übereifer warnt: »Wir sollten die Bedeutung der Ernährung für die Bildung des Charakters und die Kontrolle des Fleisches keineswegs überschätzen.« Und: »Glaubt nicht, tugendhaft und gewaltlos zu sein, nur weil ihr euch zwingt, nichts anderes zu essen als Auberginen und Kartoffeln. Gewaltlosigkeit ist mehr als eine Frage der bewussten Ernährung, sie transzendiert diese bei weitem.«

Gandhi hat gute Gründe für solche Warnungen. Beobachtet er doch, dass gerade die Vertreter extremer Ernährungstheorien wie Rohkost und Veganertum zu irrationalem Fanatismus neigen und ihre Weisheiten zu einer Art Religion aufbauen. In der Konsequenz werden sie aggressiv, diffamieren Kritiker und Andersesser als Ungläubige, die es mit allen Mitteln zu bekämpfen gilt. Wie Recht Gandhi damit hat, zeigt das Beispiel einer Veganerin, die die Fensterscheiben eines Steakhauses mit dem Slogan »Achtung, hier fließt Blut!« beschmiert. Für den Mahatma sind solche Verhaltensweisen nichts anderes als Akte der Gewalt. Deswegen betont er immer wieder, dass die Regeln in der Ernährung niemals die Regeln in der Lebensführung dominieren dürfen, und dass es durchaus möglich ist, auch ohne strenge Speiseregeln den Weg eines Satyagrahi zu gehen:

»Zurückhaltung in Sachen Ernährung ist lobenswert, sie ist sogar notwendig, doch berührt sie nur am Rande das, was Gewaltlosigkeit bedeutet. Tatsächlich kann sich ein Mensch in Sachen Ernährung sehr viel Freiheit lassen und dennoch Gewaltlosigkeit verkörpern, wenn er sein Herz von allen Leidenschaften gereinigt hat und voller Liebe und Mitgefühl für die anderen ist. Indessen kann jemand, der auf dem Gebiet der Ernährung äußerst penibel ist, der Gewaltlosigkeit absolut fremd gegenüberstehen, wenn er Sklave seiner Leidenschaften ist und ein verhärtetes Herz hat.«

Fasten: Mehr als nur Hungern!

Insgesamt fastet Gandhi in seinem Leben 17 Mal zu politischen Zwecken, und das macht ihn, wie er etwas ironisch erzählt, zu einem »Fastenexperten«. Er empfindet das Fasten unabhängig von den politischen Intentionen als positiv, nicht nur für die Gesundheit, sondern auch für die geistige und spirituelle Entwicklung: »Denke beim Fasten an deinen Schöpfer und an dein Verhältnis zu dessen anderen Kreaturen, und du wirst Entdeckungen machen, von denen du vorher nicht geträumt hast.«

In Südafrika kollabiert Gandhi allerdings schon drei Tage nach Beginn einer Fastenzeit, weil er weiterhin 20 Kilometer pro Tag spazieren geht. Er warnt deshalb später vor sportlichen Aktivitäten während des Fastens. Man muss diese Warnung allerdings vor dem Hintergrund sehen, dass der Mahatma mit seinen etwa 56 Kilogramm auf rund 170 Zentimetern Körpergröße nur wenig Reserven mitbringt. Die heute fürs Heilfasten üblichen drei Wochen würden Gandhi in akute Lebensgefahr bringen.

Für den durchschnittlichen Wohlstandsmenschen überwiegen jedoch die Vorteile. So betont Bernd Uehleke vom naturheilkundlichen Institut der Freien Universität Berlin, dass Heilfasten bei entzündlichen Erkrankungen wie Neurodermitis und Rheuma sinnvoll sein kann, »weil es den Körper dazu bringt, auf Bewältigungsstrategien der Krankheit umzuschalten, die weniger zu schmerzhaften Entzündungen führen«. In einer Studie zeigte sich außerdem, dass ein dreiwöchiges Fasten zu einem Anstieg von Immunglobulinen im Darm führt, der zum Teil auch noch drei Monate nach Beendigung der Kur anhält. Immunglobuline gehören zu den Speerspitzen im Kampf gegen Viren und andere ungebetene Eindringlinge, Heilfasten führt also zu einer verbesserten Immunleistung des Darms.

Darüber hinaus stabilisiert Heilfasten das Darmmilieu, es sorgt dafür, dass sich in den Verdauungswegen mehr Nutz- als Schadbakterien ausbreiten. Ein Effekt, der zu einer besseren Verdauung führt. Außerdem puffern die Nutzbakterien im Darm die Histamine, die bekanntlich an allergischen Reaktionen wie Augentränen, Heuschnupfen, Nesselfieber und Asthma beteiligt sind. Heilfasten kann also auch im Rahmen einer Allergiebehandlung sinnvoll sein.

Und so funktioniert das Heilfasten: Vor dem eigentlichen »Hungern« wird der Körper in der Regel in drei Übergangstagen mit kalorienreduzierter Kost vorbereitet. In den meisten Fastenkuren ist es außerdem üblich, die Darmreinigung mit abführenden Salzen oder Darmspülungen zu unterstützen. Gandhi empfiehlt das übrigens auch. Zum Fasten selbst existieren unterschiedliche Verfahrensweisen. Das Buchinger-Fasten setzt die Patienten auf Tee mit Honig und Zitronensaft, zum Mittag gibt es Gemüsebrühe. Beim Saftfasten kommen lediglich Obst- und Gemüsesäfte zum Einsatz, beim modifizierten Fasten gibt es wenigstens noch ein Glas Buttermilch oder ein Eiweißkonzentrat, damit dem Körper während des Fastens nicht zu viele Proteine verloren gehen.

Du bist, was du isst!

Wie der Sexualtrieb gehört der Nahrungstrieb zu den Dingen, die uns Lust und Freude bereiten können. Beide bergen als Lustquellen aber auch die Gefahr, dass sie uns vom Pfad des Satyagraha wegführen. Gandhi plädiert daher in der Ernährung wie in der Sexualität für die Askese:

»Nahrung sollte aus Pflichtgefühl verzehrt werden – wie ein Heilmittel zur Erhaltung des Körpers –, nicht aus Vergnügen am Essen. Das Vergnügen entsteht dann aus der Befriedigung des echten Hungers.«

Dieses Gebot dürfte wie das Gebot der sexuellen Askese für die meisten von uns schwer nachvollziehbar sein. Denn wer möchte schon auf den Besuch beim Italiener verzichten? Nichtsdestoweniger gilt für die Gandhische Ernährungsaskese wie für seine anderen Regeln, dass man sie nicht vorschnell als überholt und angestaubt diffamieren darf.

Betrachten wir nämlich die aktuellen Ernährungstrends unserer Zeit, fällt auf, dass einerseits viel mehr Wert auf »gepflegtes Essen« gelegt wird, was man allein anhand der unzähligen Restaurants, Cafés und Bistros ablesen kann. Andererseits sind die Menschen weniger denn je dazu bereit, sich ihr Essen selbst zuzubereiten. Nicht nur die Restaurants, sondern auch die Produzenten von Fast Food und Fertigkost machen traumhafte Umsätze; vorgefertigte Müslis, Joghurts, Suppen, Saucen und Milchschnitten beherrschen die Supermarktregale. Es besteht also ein verstärktes Bedürfnis nach kulinarischen Anreizen, gleichzeitig aber auch eine zunehmende

Weigerung, für die Befriedigung dieses Bedürfnisses Zeit und Arbeit zu investieren. Ein klassischer Fall von Dekadenz, und es ist diese Dekadenz, die Gandhi im Visier hat. Für ihn steht fest: Wer Essen und Trinken bloß genießen will, ohne sich um deren Zubereitung zu kümmern, widerspricht dem Grundsatz der Nichtgewalt. Weniger dadurch, dass er jemanden für sich arbeiten lässt, als vielmehr dadurch, dass er Speisen konsumiert, von denen er eigentlich gar nichts weiß. Er weiß nicht, wie das Fleisch zubereitet wurde und woher es kommt, und über die Fertigsauce, in dem sein Fleisch schwimmt, weiß er schon gar nichts. Dieses Nicht-Wissen ist ein Akt von Gewalt, denn wir muten unserem Körper etwas zu, das wir unmöglich kalkulieren können.

Wenn wir uns noch einmal die Moral Gandhis vergegenwärtigen, wird klar, warum ignorantes Genussessen so schlecht für uns ist. Gandhis Kernthese lautet, dass selbst die kleinsten Handlungen auf unsere Persönlichkeit wirken. Wenn wir uns also in den trivialen Dingen des Alltags unmoralisch verhalten, werden wir auch in den großen Dingen wie Politik und Business weder moralische Integrität noch wirkliche Erfolge erzielen können. Deshalb müssen wir in unserem Ernährungsverhalten integer sein. Denn warum sollte jemand als Geschäftsmann anders als gierig und zügellos sein, wenn er beim Essen maßlos zulangt und sich mehr Kalorien einverleibt, als ihm gut tut? Warum sollte derjenige, der sich ohne Wimpernzucken Kantinen- und Fertiggerichte einverleibt, ohne Ahnung, wie sie zubereitet und aus was sie hergestellt werden, im politischen Leben an der Wahrheit interessiert sein? Weswegen sollte jemand, der noch nicht einmal einen Gurkensalat zubereiten kann, dafür aber in schicken Edelrestaurants mit der goldenen Kreditkarte wedelt, als Gewerkschaftsführer ehrlich für die Anliegen der Arbeitnehmer eintreten? Vielleicht denken Sie einmal über diese Fragen nach, wenn Sie das nächste Mal mit Ihren Kunden oder Kollegen beim Geschäftsessen sitzen.

Vegetarismus

Es sind überwiegend ethische Überlegungen, die Gandhi zum Vegetarier machen, denn vom Standpunkt der Nichtgewalt darf der Mensch natürlich keine Tiere töten. Der Mahatma ist allerdings weitsichtig genug, dass er nicht alle tierischen Produkte vom Speisezettel verbannt, weil dies zu Mangelerscheinungen führt, vor allem was die Versorgung mit Eiweiß und einigen Mineralien und Vitaminen betrifft.

Ernährungswissenschaftler und Mediziner bestätigen heute die gesundheitlichen Vorteile des Vegetarismus. Erst kürzlich, beim Kongress der Deutschen Gesellschaft für Ernährung vom März 2003, wurde eine Langzeitstudie an rund 1 900 Vegetariern vorgestellt, in der die lebensverlängernde Wirkung von überwiegend vegetarischer Kost hervorgehoben wird. Der Grund: Der reichhaltige Verzehr von Obst und Gemüse senkt das Risiko für Herzinfarkte und Krebserkrankungen, die zu den häufigsten Todesursachen zählen.

Weniger gut schneiden allerdings strenge Veganer ab,

die von ihrem Speisezettel neben Fleisch auch Milch- und Eierprodukte verbannt haben. Problematisch ist auch, wenn Rohkost als ausschließliche Ernährungsform gewählt wird. In einer Studie der Universität Gießen konstatierte man bei Rohköstlern deutliche Vitamin-D-Mängel, vor allem bei Frauen, die im Durchschnitt noch nicht einmal ein Fünftel der empfohlenen 5 Mikrogramm des Vitamins pro Tag erreichen. Der Grund: Die meisten Rohköstler essen nicht nur roh, sie meiden auch Fleisch- und Milchprodukte – und dadurch versagen sie sich die wichtigsten Quellen des knochenbildenden Vitamins. Weitere Defizite bestehen bei den Vitaminen B2, B12 und Niacin sowie bei dem Mineral Zink. Diese Mängel können sich auf den Stoffwechsel, auf das Aussehen von Haut und Haaren sowie auf die Funktionstüchtigkeit des Immunsystems niederschlagen.

Gandhi kennt das Versagen der Rohkost aus eigener leidvoller Erfahrung. In einem Experiment unterzieht er sich zusammen mit 22 Mitstreitern einer dreimonatigen Rohkostdiät, getragen von der Hoffnung, nicht nur zum eigenen Wohlbefinden beizutragen, sondern die indischen Frauen aus ihrer Unterdrückung zu befreien – denn sollte sich Rohkost als optimale Ernährungsform erweisen, wären sie von ihrer traditionellen Verpflichtung als Köchinnen befreit. Doch die Ernährungsmethode ohne Herd und Kochtopf stellt sich als untauglich heraus. Zwar stabilisiert sich bei Gandhi sein anfälliger Blutdruck, doch weder er noch einer seiner Mitstreiter schafft es, die Rohkost bis zum Ende des Versuchs durchzuhalten.

Das Problem mit den Gewürzen

Die karge Kost während seiner Gefängnisaufenthalte bringt Gandhi dazu, so gut wie alle Gewürze von seinem Speisezettel zu streichen. Er bewegt sich damit in krassem Gegensatz zu den Küchengewohnheiten seiner indischen Heimat, die zu den Wiegen der Würzkunst zählt. Und er bewegt sich im Kontrast zu den wissenschaftlichen Erkenntnissen, die den Gewürzen große therapeutische und vorbeugende Eigenschaften bescheinigen. Bockshornklee, Kümmel, Ingwer, Knoblauch und Zimt haben ja nicht nur in der Küche, sondern auch in der Medizin Karriere gemacht.

Für Gandhi haben Gewürze zwei Nachteile. So verdecken sie den ursprünglichen Geschmack der Nahrungsmittel, und das verträgt sich nicht mit der Philosophie des Satyagraha, in dem die Wahrheit und damit die natürliche Ursprünglichkeit der Dinge das Ziel ist. Darüber hinaus, warnt Gandhi, »haben Pfeffer, Chili, Kümmel, Koriander und andere Gewürze die Kraft, auf künstliche Weise Verdauung und Appetit zu steigern«. Beides kann Gandhi nicht gutheißen. Die Förderung des Appetits bedeutet eine Steigerung unserer Lust, und insofern jegliche Lust an unserem Energienpool zehrt, müssen wir damit rechnen, durch die Appetitsteigerung weniger Kraft für die wirklich wichtigen Dinge im Leben zu haben.

Was Curryketchup und Bungee-Springen gemeinsam haben

Bei vielen von uns werden diese Anti-Gewürz-Argumentationen zunächst Kopfschütteln hervorrufen. Doch das erleben wir bei fast allen von Gandhis Ausführungen, die sich beim zweiten Hinsehen stets als zwingend und logisch herausstellen. So ist es auch dieses Mal.

Psychologen haben nämlich herausgefunden, dass sich die Menschen hinsichtlich ihrer Reizbedürfnisse stark unterscheiden. Einige sind schon mit schwachen Reizen zufrieden, ihnen reicht Knäckebrot zum Frühstück und ein Glas Tee zum Nachtisch, und wenn sie mit ihren Kindern *Pippi Langstrumpf* lesen, löst das bei ihnen bereits ein Gefühl der Spannung aus. Andere brauchen erheblich stärkere Reize. Zum Frühstück muss da schon eine fettig-süße Milchschnitte her und zum Nachtisch ein Sahnepudding, und wenn ein Film nicht mindestens den Actiongehalt von »Stirb langsam« hat, schalten sie den Fernseher gar nicht erst an. Solche Menschen werden von der Psychologie als »Sensationssucher« bezeichnet. Ihr Kennzeichen: Es dürstet sie nach außergewöhnlichen und abenteuerlichen Erlebnissen wie Bungee-Springen, One-Night-Stands ohne Kondom, Autobahnwettrennen oder Spekulieren am Neuen Markt, es dürstet sie aber auch kulinarisch nach scharfen, sauren, salzigen und knusprigen Mahlzeiten. Es bestehen also deutliche Zusammenhänge zwischen den gesellschaftlichen und geschmacklichen Vorlieben eines Sensationssuchers. Man findet ihn übrigens vor allem unter Männern, und hier vor allem bei denen, die sich mit ihrem traditionellen Klischee als »starker Mann« identifizieren. Jene Männer also, die sich auf offiziellen oder inoffiziellen Rennstrecken gegenseitig von der Fahrbahn schubsen und als Manager das Personalkarussell drehen lassen, bis allen Beteiligten schwindelig wird.

Vor diesem Hintergrund erscheint die Anti-Gewürz-These des Mahatma gar nicht mehr so abwegig. Denn Psychologen bestätigen, dass es innige Zusammenhänge zwischen unseren kulinarischen und sozialen Reizbedürfnissen gibt. Was wieder einmal in vollem Einklang mit der Kernthese Mahatmas steht, wonach schon die kleinsten Handlungen die Persönlichkeit eines Menschen prägen. Denn warum sollte sich derjenige, der massenweise Knoblauchsauce über sein Essen gießt, nicht auch als Politiker brutal über alle Details hinwegsetzen, um seiner Umgebung den einen – nämlich seinen – Stempel aufzudrücken? Warum sollte jemand, der erst ab drei Pfefferschoten aufwärts einen Gaumenkitzel verspürt, nicht auch als Vermögensverwalter dem Kitzel der Spekulation erliegen, anstatt dem Vermögen seiner Kunden solide Ertragschancen zu verschaffen? Warum sollte einer, der selbst nach zehn Tequilas mit Zitrone und Salz noch nicht genug hat, nicht auch als Manager in seinen Machtansprüchen unersättlich sein?

Sicherlich: Es wäre vermessen, durch eine Änderung unserer Würzgewohnheiten auf einen Quantensprung im Charakter zu hoffen. Doch in jedem Falle lohnt es sich, einmal einen Blick darauf zu werfen. Denn auch der Griff zum Salz- und Pfefferstreuer gehört letztlich zu den unzähligen Kleinigkeiten unseres alltäglichen Verhaltens, die unsere Persönlichkeit formen. Vielleicht denken Sie das nächste Mal daran, wenn Sie in der Imbissbude sitzen. Wenn Sie dann den Curryketchup über Ihre Bratwurst gießen, werden Sie vielleicht verstehen, warum Gandhi vom Wahrheit suchenden Satyagrahi eine moralische Integrität fordert, die bis ins kleinste Detail seines Lebens zu gehen hat. Und dass durchaus ein Zusammenhang bestehen kann zwischen der Ketchupflasche in Ihrer Hand und Ihrer letzten innerbetrieblichen Kontroverse, in der man Ihnen autokratischen Führungsstil vorgeworfen hat.

Integrität bis in jede Pore

Die Currywurst in der Imbissbude zeigt noch einmal: Es sind die trivialen Situationen des Alltags, in denen Gandhi, wenn man sich einmal in sein Fahrwasser getraut hat, immer wieder zu greifen vermag. Darin liegt seine eigentümliche Stärke. Er ist präsent, wenn wir unsere Kinder ermahnen, niemals lügen zu dürfen. Er ist präsent, wenn wir unseren Hochzeitstag vergessen. Er ist präsent, wenn wir unserem Kunden einen Autobahnstau vorflunkern, um unsere Verspätung zu rechtfertigen, und er ist präsent, wenn wir im Autoverkehr unsere Vorderleute anhupen, weil sie nicht in die Gänge kommen. Weil der Mahatma uns zeigt, dass diese trivialen Alltäglichkeiten eben doch nicht so trivial sind, sondern unsere Persönlichkeit prägen und darüber entscheiden, wie wir uns insgesamt als Mensch im öffentlichen und privaten Leben verhalten.

Gandhi macht uns klar, dass die Geheimnisse unserer Persönlichkeit nicht in unseren großen Handlungen stecken, sondern in der Konsequenz, die wir in den Details einbringen. Denn nur da wird offenbar, ob unsere Ansprüche an uns selbst wirklich deckungsgleich mit unserem praktischen Leben sind. Denn wir werden zum wahrhaften Satyagrahi weniger dadurch, dass wir in der öffentlichen Diskussion für Frieden und Menschenrechte eintreten, sondern dadurch, dass wir unsere Familie, unsere Kollegen, unsere Kunden, unsere Geschäftspartner und erst recht unsere Gegner und Konkurrenten im Zeichen der Nichtgewalt behandeln. Und das in allen Bereichen und Situationen des täglichen Miteinanders.

Gandhi betitelt eines seiner Bücher mit *Meine Experimente mit der Wahrheit.* Er ist letzten Endes als Sieger aus diesen Experimenten hervorgegangen, auch wenn er längst nicht überall erfolgreich war. Er ist ein Sieger, weil er wie kein anderer das Risiko bei seinen Experimenten eingegangen ist und niemals aufgegeben hat. Genau auf diese Weise sollten wir unsere »Experimente mit Gandhi« angehen, indem wir uns von seinem Geist bis in unsere verborgensten und trivialsten Ecken ausleuchten lassen. Das Risiko lohnt sich. Denn möglicherweise begreifen wir ausgerechnet im Kino, beim Popcornessen während »Stirb langsam«, warum unser Leben nicht so läuft, wie wir es uns vorgestellt haben, und warum es ein Widerspruch zu unseren Ansprüchen im Berufs- und Privatleben ist, dass wir jetzt in diesem Kino bei diesem Film vor dieser Popcorntüte sitzen. Ein Prozess des Nachdenkens, der sich lohnt. Selbst wenn wir am Ende – im Angesicht unserer eigenen Fehlbarkeit – desillusioniert eingestehen müssen, wie Recht Albert Einstein hatte, als er über den Mahatma sagte:

»Vielleicht werden künftige Generationen kaum glauben, dass solch ein Mensch von Fleisch und Blut jemals auf unserer Erde gewandelt ist.«

Anhang

Mahatma Gandhis Lebensdaten im Überblick

1869 Mohandas Karamchand Gandhi wird am 2. Oktober in Porbandar geboren.

1876 Übersiedlung nach Rajkot. Besuch einer High-School.

1882 Heirat mit Kasturba.

1888 Abreise nach England zum Studium der Rechtswissenschaften.

1891 Aufnahme in den Anwaltsstand. Rückkehr nach Indien. Sein erster Versuch mit einer eigenen Anwaltskanzlei schlägt fehl.

1893 Abreise nach Südafrika als Rechtsberater der Firma Dada Abdullah & Co.

1894 Gandhi führt die Inder von Durban im Kampf gegen das diskriminierende Wahlgesetz und gründet den »Natal Indian Congress«.

1896 Gandhi leitet die Kampagne gegen das indische Einwanderungsgesetz in Natal.

1899 Gandhi leitet eine indische Sanitätsgruppe im Burenkrieg.

1906 Sanitäter im Zulu-Krieg. Ablegen des Keuschheitsgelübdes.

1907 Gandhi entwickelt die Prinzipien des Satyagraha, des gewaltlosen Kampfes für die Wahrheit. Boykott der Zwangsregistrierung, Gandhi geht für zwei Monate ins Gefängnis.

1908 Gandhi verhandelt mit General Smuts. In Johannesburg verbrennen die Inder ihre Registrierkarten, Gandhi wird erst zu zwei Monaten, danach noch einmal zu drei Monaten Zwangsarbeit verurteilt.

1909 Verhandlungen mit der britischen Regierung in London. Briefwechsel mit Lew Tolstoi.

1913 Neuerliche Diskriminierungen der südafrikanischen Regierung. 60 000 indische Bergleute treten in den Streik. Gandhi wird zu neun Monaten Zuchthaus verurteilt. Proteste aus England und Indien erzwingen seine frühzeitige Freilassung.

1914 Übereinkommen zwischen Gandhi und General Smuts. Rückkehr über London nach Indien.

1915 Gandhi gründet einen Ashram in Ahmadabad.

1918 Gandhi vermittelt im Streik der Textilarbeiter von Ahmadabad.

1919 Rowlatt-Gesetze: Jeder Inder darf ohne Prozess inhaftiert werden, wer verbotene Literatur besitzt, wird inhaftiert. Gandhi legt zusammen mit 1 200 Anhängern den Satyagraha-Eid ab, in dem man unter anderem schwört, den Gehorsam zu verweigern und verbotene Bücher zu verkaufen. Der Kampf des zivilen Ungehorsams beginnt. Die Briten reagieren mit Terror, die Inder antworten mit Gegenterror – woraufhin Gandhi am 18. April das Satyagraha zunächst unterbricht, um es im November wieder aufzunehmen.

1921 Boykotte und Streiks in ganz Indien.
1922 Gandhi wird zu sechs Jahren Gefängnis verurteilt.
1924 Vorzeitige Entlassung aus dem Gefängnis. Danach reist Gandhi durch ganz Indien, um für sein Reformprogramm zu werben.
1930 Im Januar Unabhängigkeitserklärung durch den Indischen Nationalkongress, ohne Billigung der britischen Regierung. Im März der große »Salzmarsch«: Gandhi bricht das britische Salzgesetz, das ganze Land folgt seinem Beispiel. Im Mai wird er verhaftet.
1931 Vorzeitige Entlassung. Übereinkunft zwischen Gandhi und dem Vizekönig Irwin: Die Engländer gestatten die Salzherstellung für den Eigenbedarf.
1932 Abermalige Verhaftung. Überall im Land Aktionen des zivilen Ungehorsams. In der Zelle fastet Gandhi für die Unberührbaren, an denen der indische Freiheitskampf vorüberzugehen droht. Binnen kurzer Zeit werden Tempel, Brunnen, Straßen usw. für die Unberührbaren freigegeben, außerdem werden sie gleichberechtigt ins Wahlrecht integriert.
1934 Während einer neunmonatigen Tour durch Indien für die Interessen der Unberührbaren verüben orthodoxe Hindus ein Attentat auf Gandhi. Es misslingt. Danach gründet er eine Organisation zur Förderung des dörflichen Handwerks, um Indien von der britischen Industrie unabhängig zu machen.
1936 Gründung der ersten allindischen Bauernorganisation.

1942 Der Zweite Weltkrieg tobt. Seit 1941 kämpfen auch die Japaner mit, die nun vor den Toren Indiens stehen. Die Engländer fordern die militärische Unterstützung der Inder, die jedoch dafür die volle Unabhängigkeit verlangen. Als England sich weigert, intensiviert Gandhi mit dem Mantra »Do or die« den Satyagraha-Kampf des zivilen Ungehorsams. Er wird verhaftet, zusammen mit Kasturba. In der Bevölkerung kommt es daraufhin zu Revolten, die abermals mit britischem Terror beantwortet werden. Am Ende stehen 60 000 Verhaftungen und 10 000 Tote.

1943 Die britische Regierung fordert Gandhi auf, die Gewalttaten der Inder zu verurteilen. Er tut es nicht. Vielmehr beginnt er ein 21-tägiges Fasten, das bei den Engländern Proteste aus der ganzen Welt auflaufen lässt. Doch Churchill erklärt dem Kabinett, dass man vor dem »miserablen alten Mann« nicht kriechen werde: Man rechnet schon bald mit Gandhis Tod. Gandhi jedoch überlebt – und England steht vor der gesamten Welt als Barbarenstaat da.

1944 Im Februar stirbt Kasturba, noch während der Haft. Drei Monate später wird Gandhi entlassen.

1946 Der Virus des zivilen Ungehorsams greift auf die Briten über: 20 000 britische Matrosen gehen in den Streik. Tausende von indischen Bürgern schließen sich ihnen an. Allerdings eskalieren auch die Auseinandersetzungen zwischen Hindus und Muslimen.

1947 Gandhi führt Übergabegespräche mit dem britischen Vizekönig Lord Mountbatten. Der Traum vom vereinten Indien bleibt dennoch für Gandhi unerfüllt: Im Juni erklärt der indische Nationalkongress offiziell die Teilung Indiens, im August wird die Gründung des islamischen Pakistans verkündet. Daraufhin kommt es zu blutigen Ausschreitungen zwischen den Religionsgruppen.

1948 Gandhi beginnt im Januar sein »Fasten bis zum Tode«, um das gegenseitige Morden zu beenden. Es gelingt ihm tatsächlich noch einmal, kurzfristig Frieden zu stiften. Doch am 30. Januar stirbt er unter den Schüssen eines fanatischen Hindus.

Literatur

Mahatma Gandhi, *Was macht es schon, wenn man uns für Träumer hält?*, München 2001

Mahatma Gandhi, *Gandhi's Health Guide*, California 2002

Mahatma Gandhi, *Eine Autobiographie oder Die Geschichte meiner Experimente mit der Wahrheit*, Gladenbach 1991

Mahatma Gandhi, *The Essential Writings*, herausgegeben von Raghavan Iyer, Delhi 1991

Mahatma Gandhi, *A Thought for the Day*, herausgegeben von Anand Hingorani, Delhi 1968

Howard Gardner, *Kreative Intelligenz. Was wir mit Mozart, Freud, Woolf und Gandhi gemeinsam haben*, Frankfurt/New York 1999

Vanamali Gunturu, *Mahatma Gandhi. Leben und Werk*, München 1999

Martin Kämpchen (Herausgeber), *Gandhi für Gestresste*, Frankfurt/Leipzig 2002

Keshavan Nair, *Führen durch Vorbild. Lehren aus dem Leben Gandhis*, Freiburg 1997